LILITH
A Lua Negra

Roberto Sicuteri

LILITH
A Lua Negra

História, Imagem e Representação do
Mito da Primeira Mulher e a Origem de um dos
Arquétipos mais Incompreendidos da Grande Mãe

Tradução
Marcos Malvezzi

Editora
Cultrix
SÃO PAULO

Título do original: *Lilith – La Luna Nera.*

Copyright © 1980 Casa Editrice Astrolabio – Ubaldini Editora, Roma

Copyright da edição brasileira © 2023 Editora Pensamento-Cultrix Ltda.

1ª edição 2023.

Todos os direitos reservados. Nenhuma parte desta obra pode ser reproduzida ou usada de qualquer forma ou por qualquer meio, eletrônico ou mecânico, inclusive fotocópias, gravações ou sistema de armazenamento em banco de dados, sem permissão por escrito, exceto nos casos de trechos curtos citados em resenhas críticas ou artigos de revistas.

A Editora Cultrix não se responsabiliza por eventuais mudanças ocorridas nos endereços convencionais ou eletrônicos citados neste livro.

Editor: Adilson Silva Ramachandra
Gerente editorial: Roseli de S. Ferraz
Preparação de originais: Marta Almeida de Sá
Revisão técnica: Adilson Silva Ramachandra
Gerente de produção editorial: Indiara Faria Kayo
Editoração eletrônica: Join Bureau
Revisão: Ana Lúcia Gonçalves

Dados Internacionais de Catalogação na Publicação (CIP)
(Câmara Brasileira do Livro, SP, Brasil)

Sicuteri, Roberto
Lilith: a lua negra: história, imagem e representação do mito da primeira mulher e a origem de um dos arquétipos mais incompreendidos da grande mãe / Roberto Sicuteri; tradução Marcos Malvezzi. – São Paulo: Editora Cultrix, 2023.

Título original: Lilith: la luna nera.
ISBN 978-65-5736-265-5

1. Arquétipos 2. Feminino 3. Lilith (Mitologia semítica) 4. Mitologia 5. Mulheres – Aspectos religiosos I. Título.

23-164959 CDD-299

Índices para catálogo sistemático:
1. Lilith: Mitologia semítica: Religião 299
Eliane de Freitas Leite – Bibliotecária – CRB 8/8415

Direitos de tradução para a língua portuguesa adquiridos com exclusividade pela EDITORA PENSAMENTO-CULTRIX LTDA., que se reserva a propriedade literária desta tradução.
Rua Dr. Mário Vicente, 368 — 04270-000 — São Paulo, SP – Fone: (11) 2066-9000
http://www.editoracultrix.com.br
E-mail: atendimento@editoracultrix.com.br
Foi feito o depósito legal.

Sumário

Aos Leitores 9

PARTE UM – O Mito de Lilith e suas Fontes

1. Adão, o Andrógino 13
2. O Mito de Lilith nas Versões Bíblicas 27
3. Lilith na Tradição Sumério-Acadiana 53
4. Lilith nas Tradições Egípcia e Greco-Romana ... 81
5. Lilith na Idade Média: a Bruxa 149
6. Lilith na Cultura Contemporânea 187
Notas 203

PARTE DOIS – Os Locais Projetivos do Mito

Introdução à Parte Dois 213
1. O Sonho e o Pesadelo 217
2. A Fábula e o Conto Popular 259
3. A Lua Negra em F. Nietzsche, G. Sand, A. Rimbaud ... 269
Notas 287

Glossário dos termos mais usados no texto 289

Relevo de Burney ou Rainha da Noite: Placa de terracota originária da Mesopotâmia – Período de Isim-Larsa, terceira dinastia da Babilônia 2025-1763 a.c. – representando uma figura alada, nua frontalmente, semelhante a uma deusa com garras de pássaro, flanqueada por corujas e empoleirada sobre dois leões que estão sobre uma base escamosa, provavelmente de um animal ofídio, ou também é possível que seja a representação das montanhas do leste da Mesopotâmia. Ela usa um colar, uma coroa feita de quatro pares de chifres de boi e um disco no topo bem como carrega em ambas as mãos um símbolo composto de um anel e uma varinha, que em sua forma se assemelham ao Shen, símbolo egípcio de proteção ligado ao infinito e à perfeição.

Dimensões da peça: Altura – 49,50cm × 37cm de largura e 4,80cm de espessura. Museu Britânico; número de catálogo – 2003,0718.1. **O nome Burney se refere** ao negociante de antiguidades Sydney Burney, que a comprou em 1935 de um mercador de antiguidades de origem sírio-libanesa. O Museu Britânico a adquiriu em 2002, e hoje a peça faz parte de sua exposição permanente. Comumente associada – e muitas vezes até identificada – a uma imagem de Lilith, essa placa é vista também como uma representação de Innana, deusa mesopotâmica do amor e da fertilidade, ou até mesmo de sua irmã, Ereshkigal, a deusa da morte e do submundo. Contudo, a verdadeira identidade da figura feminina retratada nessa placa em alto relevo é tida ainda hoje como um mistério a ser revelado.

Aos Leitores

ESTE LIVRO RELATA A HISTÓRIA de Lilith, mais conhecida como a primeira companheira bíblica de Adão, cujos traços a consciência coletiva apagou distraidamente durante o tempo incomensurável no qual esse mito se apresenta na história do homem.

É a história de um íncubo dominador, um súcubo,[*] demônio sexual feminino em algumas fontes, de um sonho, ou de uma das imagens mais perturbadoras do arquétipo da Grande Mãe. Os homens de todas as eras sempre questionaram a Lua – e até já conseguiram viajar até ela. No entanto, o homem nunca foi capaz de revelar a si mesmo o mistério inconsciente que se encerra nas imagens e nos mitos que em determinadas eras o cercavam – o mistério interior – com um fascínio e uma mensagem obscura que certamente falam da alma e da carne, do amor e da morte. Falam do feminino, mas como arquétipo.

Lilith, a Lua Negra, é o céu vazio e tenebroso no qual se projetam perguntas e respostas possíveis de um diálogo que nada tem de racional e muito menos de exato: o diálogo do homem

---

[*] Ver not p. 30. (N. do E.)

com a própria alma vista em sua totalidade ou em uma dolorosa divisão. Uma fantasia, uma obra de imaginação fértil que apresento sem propor quaisquer módulos de leitura. Talvez uma minuciosa análise junguiana ensine, com surpreendente simplicidade, como converter uma neurose puramente experimentada nas dimensões venenosas da classificação nosográfica em uma "neurose criativa", na qual a *imaginação* readquire o próprio espaço e estabelece seu rumo.

Assim, uma *reflexão* sobre o "feminino", o instintivo, ou sobre as repressões e a cisão do arquétipo da alma pode ser feita de um modo que certamente não era previsto, distante da arte clínica que tenta enquadrar o *imaginário* numa dimensão positivista-racional, estreita, da qual foi tão trabalhoso sair.

Nesta obra, se pretende apenas *narrar*, restituir *imagens*, extrair emoções. É um testemunho de uma viagem ao inconsciente, coletivo e pessoal, através de várias eras. Não é uma obra para dar respostas, mas sim voltada à história do mito, sua imagem, representação e seu mitologema como um todo.

Evocada, Lilith se apresenta aqui, em sua realidade sombria. E questiona internamente cada um de nós sobre esse aspecto do Feminino Universal gravado no inconsciente coletivo de toda a humanidade

— ROBERTO SICUTERI

PARTE UM

O Mito de Lilith e suas Fontes

"Desde o início da criação,
nada mais foi que um sonho."

– *Rabi* Shimon ben Lakish

1 Adão, o Andrógino

"A inobservância das causas faz com que os objetos do amor pareçam como que envoltos por um véu mágico diante de nossos olhos e adquiram uma aparência de perigo que consiste em seu próprio fascínio."

– THEODOR REIK

NO ALVORECER DO NOSSO MUNDO, no Cap. 1:26 do *Livro de Gênesis*, o deus Elohim[*] criou o homem para que este fosse o guardião da Criação. Então, Ele disse: "Façamos o homem à nossa imagem, conforme à nossa semelhança".

---

[*] De forma geral, *Elohim* pode ser traduzido por "Altíssimo" ou "Todo Poderoso". Em termos morfológicos, é o plural de um adjetivo de dois gêneros da palavra *Eloah*, o "plural majestático" ou de excelência. Portanto, não se trata de um plural que significaria "deuses", mas um deus único, todo-poderoso. Quando essa palavra é aplicada ao Deus monoteísta das religiões abraâmicas (judaísmo, cristianismo e islamismo), sua concordância verbal e nominal é singular. Sua origem etimológica remonta ao nome do deus criador cananeu *El*, do plural de "el (el)", que é "Elim" (Elim). (N. do E.)

No Capítulo 2:6 do *Livro de Gênesis*, há a segunda criação do homem, descrita assim: "E formou Yahweh Deus o homem do pó da terra, e soprou em seus narizes o fôlego da vida; e o homem foi feito alma vivente". Assim, o Senhor estendeu a mão sobre a superfície da Terra, talvez onde se localizava o monte Moriá, pegou um punhado de poeira e o misturou com terra dos quatro cantos do mundo e molhou-a com a água de todos os rios e mares existentes. Com uma cataplasma de *epher, dam, marah* (sangue em pó e fel), deu vida a Adão, o primeiro homem vivente. Yahweh, então, colocou Adão no Jardim do Éden para que lhe prestasse homenagens. Por meio dessas duas descrições, nos perguntamos: qual era a natureza do primeiro homem? Teria consciência da difícil solidão e de sua singularidade? Talvez tenha visto muitos animais em grupos, cavalos, cabras, pássaros, répteis e peixes e estranhado o fato de estar sozinho. Pensamos na primeira estrutura afetiva e sensual de Adão em termos antropológicos, mas devemos enfrentar um mistério ainda mais obscuro quando falamos da primeira companheira do homem, sua primeira esposa. A mitologia bíblica nos ajuda a imaginar Adão – no sentido psíquico – como um verdadeiro e perfeito andrógino, isto é, um ser macho e fêmea. Em *Gênesis*, 1:27, lemos: "E criou Deus o homem à sua imagem; à imagem de Deus o criou; homem e mulher os criou". Esse é o grande mistério que apresenta o conceito de andrógino no homem, de acordo com o princípio supremo da harmonia total do Uno que é feito de Dois, mas também um conceito que lhe permite perpetuar-se na Terra, por meio da multiplicação da espécie, quando o masculino e o feminino se unem; é a imagem de Deus, na medida em que o homem é semelhante a Ele. Adão guardava em si, fundidos, os princípios masculino e feminino, que foram se separando de modo gradual. A resposta é implícita. Adão tinha duas naturezas femininas, ou duas companheiras. Entretanto, devemos proceder com cautela ao analisar o mito da primeira esposa do homem. São muitas as fontes que nos possibilitam distinguir nas aparentes contradições dos diversos capítulos do *Livro de Gênesis* a criação da primeira mulher, que correspondia, a princípio, às motivações teológicas e, depois, a justificativas antropológicas. O "primeiro" Adão era andrógino.

No *Sepher Ha-Zohar* (*O Livro do Esplendor*), lemos a seguinte passagem:

> O Rabino Abba disse: "O primeiro homem era, ao mesmo tempo, macho e fêmea, pois assim está escrito. E Elohim disse: façamos o homem à nossa imagem e semelhança (*Gn.* 1:26). E, precisamente para que o homem se assemelhasse a Deus, foi ele feito macho e fêmea".[1]

O enigma se encontra no versículo citado do *Livro de Gênesis*, onde lemos "... o criou" e, logo depois, "os criou". De acordo com *Gênesis* 1:26-27, portanto, Adão teria sido dois em um, homem e mulher. Ainda o Rabino Simeão, no *Zohar*, diz assim:

> Está escrito: homem e mulher os criou (*Gn.* 5:2).[*] Esse versículo no capítulo 5 do *Gênesis* implica grandes mistérios.

---

[*] As referências bíblicas desta tradução foram tiradas da Bíblia Sagrada – Almeida Corrigida Fiel (ACF), *on-line*, ou da Bíblia Sagrada – Almeida

Nestas palavras, "homem e mulher", expressa-se o mistério supremo, no qual consiste a glória de Deus, inacessível à inteligência humana e que constitui objeto de fé. Por esse mistério, o homem foi criado, e devemos nos lembrar de que por meio desse mesmo mistério também se criaram o céu e a terra. As Escrituras utilizam a expressão "assim se deu a criação (ou seja, a *gênese*) do céu e da terra", e outra semelhante: "assim se deu a criação do homem".

O Rabino Shimon bar Yochai prossegue, no mesmo tema:

Além disso, ao descreverem o céu e a terra, as Escrituras usam o termo "*behibaream*" (quando foram criados), enquanto, para a criação do homem, recorrem à expressão análoga "*beyom hibaream*" (no dia em que foram criados). As Escrituras dizem: "homem e mulher os criou". Daí deduzimos que cada figura que não apresente em si macho e fêmea não é semelhante à figura celeste. Tal mistério já foi explicado. Lembremo-nos de que o Senhor [...] não habita o lugar onde o homem e a mulher não estiverem unidos. Só concede suas bênçãos ao lugar em que macho e fêmea, portanto, se unirem. Assim, lemos nas Escrituras que o Senhor "os abençoou e os chamou de Adão". Não dizem as Escrituras que o abençoou e o chamou de Adão, uma vez que Deus só abençoa quando

---

Revista e Atualizada (Sociedade Bíblica do Brasil), impressa, conforme a maior similitude às versões italianas usadas pelo autor. (N. do T.)

macho e fêmea se unem.* E é por isso que lemos, nas Escrituras: "E os chamou de homem". (*I*: 55 b)[2]

Vemos aqui uma clara referência à imagem do casamento místico, a verdadeira e profunda alquimia dos opostos, *coincidentia oppositorum* dos princípios antagônicos e complementares de Sol e Lua, que C. G. Jung analisou nos comentários sobre o *Rosarium Philosophorum*.

No *Zohar*, o Rabino Abba afirma ainda que, no momento da criação, Deus fez o homem à imagem do mundo do alto e também de baixo; era a síntese e a imagem de tudo; no homem estavam todas as *Sephiroth*, ou seja, todas as modalidades possíveis das manifestações de Deus no ser humano. A luz de Adão se difundia por toda parte na Terra e continha os dois graus de macho e fêmea. Adão tinha, portanto, duas faces.

É na tradição talmúdica, na *Torá* e nos *Midrashim*, que encontramos os mais extensos comentários sobre o *Gênesis*. No *Midrash* aramaico de Berešît-Rabbâ, encontramos outras indicações que não podem ser esquecidas pelos estudiosos, particularmente os psicanalistas (vejamos, por exemplo, a tese de Theodor Reik,

---

* Sobre esse tipo de afirmativa, temos de nos lembrar que, assim como em outros textos antigos, como *O Mahabharata*, *Os Oráculos Caldeus*, o *I-Ching* e tantos outros, estes precisam ser estudados à luz do simbolismo e dos arquétipos primordiais. Portanto, em todas as passagens de escrituras sagradas para o judaísmo e em seus comentários posteriores, essa afirmação na realidade está nos trazendo o conceito de hierosgamia, o "casamento sagrado", a união do masculino e feminino interiores em todos os seres humanos. (N. do E.)

citada mais adiante), que abordam apenas de modo superficial a hipótese de uma forma andrógina do Adão bíblico. A respeito de *Gênesis* 1:26, Berešît-Rabbâ comenta, sem deixar dúvidas (citamos aqui na íntegra):

I. *E Deus disse*: *Façamos o homem à nossa imagem e semelhança* (*Gn.* 1:26). Rabino Johanan b. Beroqah começa dizendo: Tu me cercaste por detrás e por diante (*Sl* 138:5). Acrescenta, ainda, R. Johanan: "Se o homem merecer, gozará de dois mundos". [...] Segundo o Rabino Jirmejah b. Eleazar: "Quando o Senhor, bendito seja, criou o homem, criou-o hermafrodita, como lemos 'Homem e mulher os criou e os chamou de 'Adão'". Nas palavras do Rabino Shemuel ben Nahman: "Quando o Senhor, bendito seja, criou o homem, criou-o bifronte, dividiu-o, e dali resultaram duas costas, uma para cada lado".[3]

Em uma passagem ulterior do mesmo capítulo, lemos: "Macho e fêmea os criou (*Gn.* 1:27). Eis uma das mudanças feitas por determinação do rei Ptolomeu: o homem e seus orifícios os criou".[4]

Na nota do texto, explica-se que a palavra "orifícios" é escrita em hebraico com as mesmas letras para "fêmea". Sem insistirmos nas citações rabínicas, levemos em conta também que em *O Banquete* (385 a.C. e 380 a.C.) de Platão há uma clara menção ao mito do homem hermafrodita primitivo. Tal hipótese nos parece interessante, pois nos auxilia em nossos estudos sobre como o feminino e o masculino se separaram.

Fontes mais próximas de nós oferecem um estudo no qual se atribuem também aos babilônios opiniões relativas à androginia do primeiro homem.[5]

Fílon de Alexandria, por sua vez, intuiu a existência de um Adão bifronte ou hermafrodita, cuja estrutura lembraria "irmãos siameses". Já Ernst Benz segue o mito sobre o andrógino dos gnósticos até os místicos modernos.[6] Theodor Reik, em sua obra *Psicanálise da Bíblia*, cita outros autores que defendiam a mesma hipótese: Judá Abravanel, em 1525; Jacob Boehme, na obra *Misterium Magnum*, em 1630; Emanuel Swedenborg; o russo Nikolai Berdiaev e o filósofo espanhol Leão, o Hebreu, (Judá Abravanel) na obra *Dialoghi d'Amore*.[*] A androginia de Adão é o semblante simbólico de Deus; o hermafroditismo, porém, no que tange à organização sexual e afetiva de Adão, não nos remete a uma harmonia completa do ser? Haveria ainda alguma possível negação? Isso é obscuro. Na verdade, o significado teológico rabínico do andrógino como uma alusão à totalidade do divino não se concilia com o fato de que Adão tinha uma sexualidade indiferenciada. O próprio *Gênesis* bíblico evidencia um comportamento sexual que parte de uma perversão.

Os cabelos desse Adão pareciam de mulher, com ondas espessas; um herói esplêndido semelhante a Enkidu, o homem épico descrito na *Epopeia de Gilgamesh*. Como era esse Adão? O comentário do Berešît-Rabbâ ao *Gênese* é o seguinte:

---

[*] Segundo algumas fontes, Judá Abravanel e Leão, o Hebreu, seriam a mesma pessoa. (N. do T.)

11. *Homem e mulher os criou* [...] A ele foram dadas quatro qualidades celestes e quatro inferiores: comer, beber, expelir excrementos e morrer como um animal; das qualidades celestes, ele tem posição ereta, como os anjos que servem a Deus, fala como os anjos e vê como os anjos. Mas, por acaso, o animal também não vê? Ele, porém, vê de lado [...][7]

Eis outra confirmação da singularidade corpórea de Adão:

Disse Rabino Aha: "Eu sou o Senhor (*Is* 42:8) e este é o meu nome, com o qual me chamo Adão". E lhe apresentou novamente os animais em pares. Adão disse: "Cada um deles tem um companheiro; eu, porém, não tenho companheiros".[8]

Essa é a indicação mais interessante de uma natureza semianimal do primeiro Adão. O *Gênesis* não é explícito quanto a esse detalhe, mas a sabedoria rabínica expõe com perfeita clareza uma questão evolutiva que serve para nos demonstrar a harmonia psicossexual originária, uma vez que Adão certamente expressava uma sexualidade em estado primário, acasalando-se com os animais à sua volta. Não podem ser apenas fantasias inconscientes, em estado embrionário no folclore hebraico, pois existem traços dessas experiências sexuais entre homens e outros animais. Enkidu vivia entre as gazelas e se acasalava com animais selvagens nas margens dos rios. Como defendia Morris Jastrow, talvez os babilônios projetassem em Enkidu a imagem do primeiro Adão. Enkidu era hirsuto, tinha tamanho e força excepcionais e vivia entre os animais,

[...] alimentando-se de grama como as gazelas,

bebendo nos riachos como os bois,

brincando com as criaturas da água.

E quando Enkidu encontra uma companheira, ou sua Eva, deita-se com ela por sete dias e sete noites:

[...] depois de se saciar com o fascínio dela,

voltou os olhos mais uma vez para os animais.

As gazelas que repousavam viram Enkidu,

e os animais do campo fugiram dele.

Enkidu se prostrou, sentiu-se abatido,

e seus membros enrijeceram

assim que os animais se afastaram.[9]

Claro que Adão-Enkidu – e parece correta a observação de Theodor Reik – renunciou às práticas sexuais indiferenciadas quando reconheceu a mulher. Já o Adão bíblico solicita uma companheira apenas porque está insatisfeito. Lemos no *Gênesis*: "Não é bom que o homem esteja só" (*Gn.* 2:18). Esse estado de Adão é citado com frequência na primeira versão "... homem e mulher os criou" (*Gn.* 1:27). Nessa fase, quando proclama sua solidão, Adão ainda é andrógino, talvez em um sentido psicológico, mas, como ignora a alteridade sexual, ainda é um animal. Conforme mencionamos, há no Berešît-Rabbâ uma revelação dessa natureza animal, que aqui reproduzimos:

10. E o homem se converte em um ser vivente. Rabino Yehudah ben Shimon disse: "Aprendemos que Ele o fez com a cauda, como um animal, e depois a retirou por decoro. [...][10]

Certamente, a narração rabínica recorre a metáforas ao dizer que Adão "deixará pai e mãe para se unir à mulher". Desse modo, é velado o desinteresse pela inferioridade animal e surge a orientação por uma companheira mais digna.

Até então, Yahweh não encontrara para Adão "uma parceria que fosse igual a ele" (*Gn. 2:22*). De que outra maneira explicaríamos o hábito primitivo de criar imagens de deuses e heróis com critérios teriomórficos, ou parcialmente bestiais, portanto, híbridos, senão pela clara familiaridade do primeiro homem com a sexualidade animal?

Sabemos que os pastores das regiões longínquas e desérticas do Oriente Médio mantinham a prática do contato sexual com animais para extravasar o impulso arcaico de seus instintos sexuais. A prova disso é encontrada nas frequentes admoestações repressivas das Escrituras cabalísticas e talmúdicas. Em *Deuteronômio 27:21*, os levitas e outros pronunciam a seguinte maldição:

Maldito aquele que se deitar com algum animal.

Já no capítulo 25 do Comentário do Berešît-Rabbâ, encontramos outras indicações que eliminam a possibilidade de qualquer erro semântico em que "animal" fosse entendido como "vivente", pois a passagem menciona homem e animal:

Assim está escrito:

"A mulher que se chegar a algum animal, para ajuntar-se com ele, aquela mulher matarás, bem assim como o animal (*Lv* 20:16). Se o homem pecou, que pecado cometeu o animal? Assim se procede para que o animal não passe pelas ruas e dele digam 'Por causa deste animal foi lapidado o homem'.".[11]

No sentido cronológico evolutivo, podemos, enfim, concluir que, em *Gênesis* 1:1-28, vemos descrito um Adão andrógino, que encerra em si os princípios masculino e feminino, enquanto no espaço entre os capítulos do *Gênesis* 1 e 2 se pode deduzir que Adão manifestava sua sexualidade ao se acasalar com animais. De fato, só no capítulo 2 de *Gênesis* é que o primeiro homem aparece dotado de alma e reconhece a necessidade de uma companheira. Recapitulemos as diversas fases conforme expostas em *Gênesis*, na ordem cronológica:

1) *Gênesis* 1:26: "Façamos o homem à nossa imagem, conforme a nossa semelhança".
2) *Gênesis* 1:27: "E criou Deus o homem à sua imagem; à imagem de Deus o criou; homem e mulher os criou".
3) *Gênesis* 1:28: "E Deus os abençoou, e Deus lhe disse: Frutificai e multiplicai-vos".

Portanto, vemos o homem aparecer nas três fases como um ser composto de duas partes. O pronome que muda do singular para o plural revela o conceito de hermafroditismo ou androginia; daí podemos pensar que certamente se tratava nem mais nem menos do verdadeiro casal original, Adão e sua "primeira companheira": Lilith. Voltaremos ao tema mais adiante.

Examinemos agora outras fases, nas quais a criação de Adão aparece isolada, ou seja, sem caracteres femininos, seguida da criação de Eva, a "segunda companheira":

1) *Gênesis* 2:7-8: "E formou o Senhor Deus o homem do pó da terra, e soprou em suas narinas o fôlego da vida; e o homem foi feito alma vivente".

2) *Gênesis* 2:18: "E disse o Senhor Deus: Não é bom que o homem esteja só; far-lhe-ei uma ajudadora idônea para ele".

3) *Gênesis* 2:20: "E Adão pôs os nomes a todo o gado, e às aves do céu e a todos os animais selvagens. Mas para o homem não se achava ajudadora *idônea*".

Essas passagens bíblicas confirmam que Adão estava *sozinho* e dera nomes aos animais, isto é, acasalara-se com eles. Foi só assim que ele compreendeu a necessidade de diferenciação. O texto evidencia os traços obscuros da remoção da animalidade adâmica. É nesse ponto exato do mito que Adão abandona o caráter de identificação com o divino manifestada pela androginia e supera a sexualidade animal como ser vivente. É nesse momento que ele pede a Deus uma companheira.

Entretanto, como indagavam os exegetas da Bíblia, por que Deus não deu *logo* uma mulher a Adão, em vez de tomar tal decisão depois de forçá-lo a "dar nome" a todos os animais, traduzindo-se o dar nome por desejar, sendo Adão talvez capaz de reconhecer uma possível companheira? A resposta do Rabino Aha no Berešît-Rabbâ é elucidativa:

> *Para o homem não se achava ajudadora idônea.* Por que não criou antes? O Senhor, bendito seja, viu que Adão se teria queixado dela; por isso só a criou quando veio o pedido. E, logo que veio o pedido, o Senhor fez Adão cair em sono profundo etc. [...][12]

E assim nasceu a mulher, por desejo de Adão, que descobrira a solidão, mas também a própria alma.

2 O Mito de Lilith nas Versões Bíblicas

O MITO DE LILITH FAZ parte da grande tradição de testemunhos orais reunidos nos textos da sabedoria rabínica definida na tradição javista paralela, aliás, anterior, em vários séculos, à versão bíblica dos sacerdotes. Sabemos que as variadas versões do *Livro de Gênesis*, em particular a do mito da criação da mulher, são repletas de contradições e enigmas incompatíveis entre si. Supomos que a lenda de Lilith, a primeira companheira de Adão, tenha se perdido ou sido subtraída durante a transição da versão javista para a sacerdotal, que, por sua vez, acabou sofrendo modificações pelos Pais da Igreja.

No *Zohar*, nos escritos sumérios e acadianos bem como nos testemunhos orais dos rabinos acerca do *Gênesis*, deparamos com tesouros preciosos e sugestões com um potencial extraordinário de atiçar nosso mundo imaginário. Quem acessa pela primeira vez o *Sepher Ha-Zohar* (*O Livro do Esplendor*) ou o precioso afresco Berešît-Rabbâ é acometido de uma emoção repentina e fortíssima, dominado por uma fascinante inquietude, como se tivesse encontrado o testemunho até então inédito da verdade e da sabedoria, perante aquele *que sabe* e habita em cada um de nós, dormente na inconsciência, de súbito reavivado, falando-nos por meio de uma língua arcaica, poderosa, medida na palavra hebraica.

Esses grandiosos testemunhos depositários da Torá (O Ensinamento) e dos *Midrashim* (A Procura) contidos na *Mishná* (coletânea de Códigos) são, sem dúvida, dos rabinos iluminados pelo carisma e pela fé, mas também se originam dos testemunhos das lendas, dos mitos, das sagas, das alegorias e do folclore popular de que os rabinos se utilizavam como reflexão viva, fundamentada em analogias que pudessem definir a verdade hermenêutica acerca da origem do mundo e da humanidade. Hoje, podemos afirmar que, ao contrário do que consta no depoimento sacerdotal, a sabedoria dos javistas e a leitura de textos mais remotos nos proporcionam mais energias e encorajam a reativação de arquétipos e mitos do inconsciente coletivo.

A Torá assírio-babilônica e hebraica nos oferece mais flexibilidade de interpretação latente, resgata-nos mundos imaginários que eludem mais facilmente a suspeita própria do ceticismo racional, produto da sabedoria cristã e, sobretudo, católica. Não nos interessa, por exemplo, experimentar a solução ou a sistematização da polêmica secular entre as duas versões, muito menos criticar a subversão e as alterações nas Sagradas Escrituras cristãs. Nosso norte não é a veia teológica, mas, sim, o interesse psicológico pela redescoberta da lenda de Lilith, com o intuito de agregá-la, como energia psíquica criadora do mito e, por conseguinte, do arquétipo, ao núcleo da história da relação entre *Anima* e *Animus*, e compreender as origens endopsíquicas da divisão entre "instinto" e "pensamento", na tentativa de esclarecer, enfim, o grande equívoco da pretensa supremacia masculina e da inferioridade feminina. Como explica James Hillman, toda a trajetória psicológica da relação entre homem e mulher é uma série de notas de rodapé na história de Adão e Eva.[13] Nada se pode demonstrar de modo racional: a verdade sobre a tradição primitiva e arcaica gerada na aurora do mundo não se encontra nos pontos de vista divergentes de duas escolas ou de suas organizações. Para nós, a verdade transcende e se encontra em um plano totalmente diverso. "Desde o início da criação, nada mais foi que um sonho", disse o Rabi Shimon ben Lakish. E, para o homem, esse sonho é a voz poderosa de seu espírito e do profundo eu interior.

No sonho, não há espaço para verdade ou inverdade, lógica ou fantasia. No sonho está o *homem inteiro*, com o que ele sabe no aspecto consciente e com tudo o que não sabe e talvez nunca descubra. Se a criação e o homem nunca são mais que um sonho, essa é, enfim, sua verdade inabalável. E tudo existe, assim como existe o homem. E tudo existe por causa do homem que sonha.

É por isso que os textos hebraicos, sumérios e acadianos contêm uma chave e um mistério que privilegiamos: eles contêm mais sonho, mais relato, vivência e imaginário. Tudo provém mais dos lábios do rabino ou dos sonhos dos discípulos do que de pensamentos ou documentos. E, para nós, talvez Lilith nasça do sonho ou da narrativa dos rabinos, de uma necessidade ou de uma fantasia coletiva.

Examinemos onde aparece nas Escrituras a figura de Lilith como primeira mulher. Parece que muitos exegetas e estudiosos do *Livro de Gênesis* se exauriram em busca de "provas" para justificar sua ênfase em Lilith; um desses foi o próprio Theodor Reik, seguidor de Freud, que fez esta observação sucinta a respeito das duas versões bíblicas:

> O mesmo folclore encontrou um meio astuto de harmonizar as duas versões: se, em uma delas, Deus criou o homem como macho e fêmea e, na outra, a mulher foi criada da costela de Adão, nosso ancestral primevo devia ser viúvo ou divorciado quando o Senhor lhe apresentou Eva. Ou, por outro lado, talvez Adão se deitasse ao mesmo tempo com duas mulheres. Essa ideia poderia harmonizar as duas versões bíblicas.[14]

Em *Gênesis* 1, Adão era macho e fêmea, como já sabemos. Vimos que, nos comentários rabínicos, é revelado o segredo de que Adão vivia em promiscuidade sexual com os animais. Em *Gênesis* 2, aparece Eva, a mulher. Ora, acreditamos ter encontrado os testemunhos da existência de Lilith em passagens sutis, nas entrelinhas e em alusões que, ao que nos parece, constam das páginas do Berešît-Rabbâ.

Com certeza, podemos afirmar que Lilith tem relação com *Gênesis* 1. Se desconsiderarmos a androginia como arquétipo refletido no homem terrestre, temos necessariamente de aceitar que há um relato de Adão com uma companheira. Lembremo-nos também de que Deus os abençoou. Sem dúvida, na versão javista, vemos o primeiro homem e a primeira mulher em estado animal, com sexualidade indiferenciada e sem disparidade entre os sexos. Eram informes: "E Ele os criou sem forma".[15]

Prossigamos, enfim. Em *Gênesis* 1:24, ou seja, antes do versículo 26, com referência ao homem, lemos: "Produza a terra alma vivente conforme a sua espécie; gado, e répteis e feras da terra conforme a sua espécie; e assim foi".

O comentário do Rabino Eleazar, porém, usa o plural –

> Produza a terra *almas* viventes (*Gn.* 1:24). Assim é a alma de Adão.[16]

– e parece uma referência a todos os seres viventes na dimensão do natural, da alma animal.

Em *Génesis* 2:21, enfim, é descrita a criação da mulher. E, mais uma vez, a versão bíblica sacerdotal é muito sucinta:

> Então o Senhor Deus fez cair um sono pesado sobre Adão, e este adormeceu; e tomou uma das suas costelas, e cerrou a carne em seu lugar.

E vemos um comentário do Rabino Shemuel um tanto obscuro, talvez passível de interpretação por analogia, também referente à existência do casal:

> Um osso entre as duas costelas. Por "*seu* lugar" entenda-se "*no lugar deles*".[17]

Não se trata de um comentário a respeito do osso ou das costelas, mesmo que simbólico. "Em seu lugar" alude a Adão como singular, mas na correção do rabino o uso é plural. Portanto, a parte utilizada devia provir dos dois, isto é, "dois em uma só carne".

A costela (ou o osso) é o símbolo da nova identidade que nasce *deles*, ou seja, o *casal*. Isso não significa, claro, que o casal existisse antes do "nascimento" de Eva! A prova se insinua em *Gênesis* 5:2 e, como se o enigma já não fosse complexo, complica-o ainda mais:

> Homem e mulher os criou; e os abençoou e chamou o seu nome Adão, no dia em que foram criados.

E, para esclarecer, se quisermos seguir a citação bíblica passo a passo:

> E da costela que o Senhor Deus tomou do homem formou uma mulher, e trouxe-a a Adão. E disse Adão: "Esta é agora osso dos meus ossos e carne da minha carne". (*Gn.* 2:22-23)

É impossível não notarmos o espanto e a alegria de Adão, como se acordasse e se reconciliasse com Deus, pois, quando diz "esta é agora...", tem a certeza do presente belo e justo, que é a fêmea! Suas exclamações confirmam que houve uma "primeira vez", isto é, uma mulher anterior. Ou indicaria a existência de uma mulher humana e não mais de uma fêmea animal, já abandonada por Adão? De todo modo, o comentário do Berešît-Rabbâ nos ajuda a entender:

> Em nome do Rabino, o Rabino Yehudah ben Shimon diz: "No princípio, Ele a criou, mas, quando o homem a viu repleta de saliva e de sangue, se afastou dela; e Ele a criou uma

segunda vez, como está escrito: *Esta é agora. Esta e aquela da primeira vez*".[18]

Mas quem seria a mulher da *primeira vez*, que teria provocado o desgosto de Adão? Quem era aquela primeira obra de Deus, repleta de saliva e sangue? Pela nossa perspectiva, seria Lilith. A primeira companheira do homem foi Lilith, cheia de saliva e sangue. Consideremos este ponto com atenção, pois é fundamental. Deus a criou *no princípio*, que significa no começo da criação. Mas como era essa fêmea? Devia provocar em Adão sensações desagradáveis de repugnância. A que se refere o sangue? E a saliva? Se dermos margem à imaginação, poderemos associá-los ao sangue menstrual, talvez mencionado como uma metáfora, para indicar o caráter carnal, fisiológico, vital, instintivo da mulher. "[...] a viu repleta de sangue". Podemos pensar na experiência sexual sem tabus ou proibições, ou na repressão do desejo sexual e, daí, do coito durante o ciclo menstrual, até hoje considerado um tabu; ou se ofuscaria aqui a visão da mulher "lasciva"?

A saliva que permeava essa mulher é um símbolo ainda mais significativo. É evidente a associação com um equivalente mágico da libido. A saliva é, sem dúvida, um componente sexual, associada, por vias psicanalíticas, à secreção erótica ou à transmissão mágica da saliva no beijo apaixonante. Sangue e saliva pertencem à mulher da *primeira vez*. Repugnado, ou melhor, assustado (como entenderemos mais adiante), Adão repele a primeira companheira. Deus, então, precisou refazê-la, e dessa vez criou Eva.

Na verdade, as interpretações são múltiplas. Alguns afirmam que a primeira mulher foi aquela com quem Adão teve sonhos eróticos, enquanto Eva seria a materialização dos sonhos. Entretanto, a palavra usada para "vez" ou "agora" também significa perturbação, "*paam*" em hebraico, o que nos permite inferir que a primeira mulher perturbava Adão de um jeito intolerável. Outras fontes descrevem de modo mais claro a criação de Lilith e de outras companheiras antes de Eva.

Os comentários cabalísticos relativos ao *Pentateuco* reunidos pelo Rabino Reuben ben Hoshke Cohen fazem referência a uma lenda clara do nascimento de Lilith. Eis o resumo que Robert Graves nos oferece:

> Então, Deus criou Lilith, a primeira mulher, como antes criara Adão, mas utilizou sedimentos e imundícies, em vez de puro pó.[19]

A afirmação de que Lilith fora criada com pó preto e excrementos nos leva a refletir. Sabemos que, em hebraico, o verbo "criar" se assemelha a "meditar"; podemos supor, portanto, que o Yaweh Deus talvez pensasse em criar a mulher como uma criatura fadada a ser inferior ao homem. *Com certeza, houve interferência, aqui, da agressividade masculina na sociedade hebraica, cujas fundações eram rigidamente patriarcais, com ênfase nos valores patrilineares.* A criação de Lilith implica a perda da unidade mágico-religiosa dos dois sexos na pessoa única do "homem" como símbolo de humanidade, ainda que hermafrodita. Apesar de reprimida e subjugada pela autoridade masculina, a mulher tentava reconquistar sua paridade. Lilith nasceu pelas mãos do Yahweh Deus, impura, humana: portanto, um Adão.

Mas quando Lilith nasceu? E qual era sua natureza? A fonte da coletânea *Midrashim Yalqut Reubeni* editada em Praga em 1660 diz:

> Da união de Adão com esse demônio (Lilith) e outro chamado Naamah, irmã de Tubal – Cain, nasceram Asmodeus e diversos outros demônios que até hoje flagelam a humanidade.[20]*

Portanto, Lilith é descrita não como uma mulher humana, mas, sim, como um demônio, desde suas relações iniciais com Adão. Por quê? Cremos encontrar uma boa explicação, originária do calendário hebraico, usado pela tradição javista para estabelecer os sete dias da criação. É na sequência de dias do *Livro de Gênesis* que nos intriga o "nascimento" de Lilith, pois nesse lapso das Escrituras se oculta a retirada patriarcal da natureza da *primeira mulher*: Lilith! Seria ela, até certo ponto, um produto

---

* Com relação a essa citação, pode ter ocorrido algum equívoco de interpretação por parte do autor sobre o texto original. Pode ser também que essa passagem seja apenas uma citação na qual as genealogias estejam ocultas. Naamah é um demônio descrito no *Zohar*, e uma provável filha de Lilith. Contudo, é confundida com a irmã de Tubal-Cain, filho de Lameque e de Zilá e pertencente à genealogia de Caim. Entretanto, Naamah recebeu esse nome por seduzir os homens com os toques de seus címbalos. Por isso, na tradição cabalística do *Zohar,* seu nome é indissociável da sua homônima demoníaca. Ainda com relação a essa passagem, Asmodeus é considerado por outras versões na mitologia judaica como sendo fruto da união entre o Rei Davi e Agrat Bat Mahlat, rainha dos demônios e um dos quatro anjos da prostituição, além de ser a consorte de Samael. (N. do E.)

simbólico de uma extraordinária distração do deus hebraico e, por isso, condenada a desaparecer?

No Berešît-Rabbâ, encontramos a resposta:

5 "[...] *E fez Deus as feras da terra* (*Gn.* 1:25)...", disse o Rabino Hamah ben Oshajjh. "São quatro os seres viventes nomeados, mas na criação eram três: animais domésticos segundo sua espécie; animais selvagens segundo sua espécie e todos os répteis da terra segundo sua espécie". Disse ainda o rabino: "O quarto ser é referência aos *demônios*, dos quais o Senhor, bendito seja, criou a alma; quando estava para criar o corpo, contudo, chegou o sábado e, portanto, o Senhor não o criou, pois queria ensinar aos demônios os bons costumes. [...] Aquele de quem provinha a palavra criou o mundo, e se ocupou da criação do universo e das almas dos homens, mas, quando ia criar seus corpos, chegou o sábado e, sendo assim, não os criou".[21]

Lilith, portanto, nasceu junto a Adão; ou melhor, *logo depois* dele. Os répteis, os demônios e Lilith foram as últimas criações de Deus no sexto dia, na noite da sexta-feira, quando a escuridão avançava pouco antes da chegada do sábado, dia sagrado para os hebreus.

De acordo com o capítulo 1 do *Gênesis*, é nesse ponto que cessa a criação. Os dois protagonistas se encontram no palco do mundo: Adão e Lilith, aquela que expressou pela primeira vez ao seu homem algo de fato importante, fundamental, quanto à sua relação com os seres viventes, algo de homem e mulher.

Mas o que aconteceu naquelas últimas horas do sexto dia? O que se passou entre o homem e a mulher? Se pudermos acreditar no que está escrito, tudo relacionado a Adão ocorreu entre o sexto e o sétimo dia:

> Terminado o sábado, ele foi desprovido de seu esplendor e expulso do Jardim do Éden [...].[22]

E a luz divina só durou nas poucas horas do sexto dia e do sábado inteiro, quando, então, Deus descansou; e Adão já havia consumado sua relação com Lilith e conhecera no escuro uma *tremenda verdade*. Uma tentação ou, talvez, uma transgressão? Ou Adão teria percebido o poder do *demônio* manifestado no semblante de Lilith? Podemos dizer, enfim, que *o mito de Lilith representa, sem dúvida, o arquétipo da relação entre homem e mulher* no nível mais primitivo do sentido evolucionista.

Lilith é um *mito arcaico*, com certeza, anterior à história de Eva na fonte javista da *Bíblia*; por isso, podemos afirmar que Lilith foi a primeira companheira de Adão. É inegável que o mito de Lilith contém fortes paralelos com o de Eva, mas parece-nos necessário destacar um detalhe: Lilith já entra no mito como um demônio, uma criatura de saliva e sangue, um autêntico espírito moldado em condição inferior por Deus; ela é uma companheira com fortes traços de *fatalidade*. Vale perguntar por que não vemos no *Gênesis* uma única informação relativa à criação dos demônios!

Vimos que no *Berešît-Rabbâ* eles aparecem com Adão e as serpentes. Na condição de demônio, Lilith também devia ser mencionada. Por que foi ocultada? Devemos insistir neste ponto: na resposta do Rabino Hamah ben Oshajjh supracitada, parece haver uma identificação implícita de serpente/demônio/mulher (Eva). Portanto, pela versão javista, *Lilith é mais próxima do protótipo natural da mulher* que Eva. E era justamente isso que a consciência hebraica refutava, empenhada em sua constante repressão. Várias fontes psicanalíticas veem no mito de Adão e Eva o trauma de um possível incesto entre a Mãe dos Seres Vivos e Adão, a falha do homem e da mulher (Freud, Rank), ou a Queda, a representação simbólica de uma *relação sexual proibida* (Levy), talvez, acasalamento com animais, que pode levar à perda da "razão". Talvez tenha sido a primeira experiência do orgasmo natural, que desencadeou no homem uma angústia insuportável, uma vez que o apetite sexual o afastava do divino com uma ameaça regressiva, ainda presente em sua memória evolutiva. Outros estudiosos veem no confronto entre Adão e Eva (e o pecado desta) uma introjeção da divindade através da árvore totêmica (Theodor Reik).

A *remoção* ou o *lapso* se insinuam nas entrelinhas do *Livro de Gênesis*: há um esforço para enfatizar que "tudo era bom". Consideremos de novo nosso casal, que não pôde sequer desfrutar por pouco tempo a luz divina do Jardim do Éden. Seja Lilith ou Eva, o que se consuma em *Gênesis* é sempre uma *tragédia erótica e sexual*, a *totalidade libidinosa de si* que o homem experimenta pela primeira vez, em um momento filogenético exato, e que se torna *tabu*.

Como era Lilith? Deparamos aqui com um mistério profundo, pois, nos testemunhos da *Torá*, há a descrição da primeira mulher, que, segundo o *Gênesis*, seria Eva. Entretanto, naquela passagem do *Berešît-Rabbâ*, é citada outra mulher, cheia de saliva e sangue, que perturba Adão. Quanto à Eva, porém, são descritas suas belezas e seus adornos. A meu ver, a descoberta de Lilith, com a posterior reação de repulsa, e a segunda exclamação ("Esta agora é de meus ossos...") *são uma única experiência de aproximação, por meio da qual podemos ver uma condensação de duas experiências*: a primeira, o conhecimento carnal, é censurada e proibida, e a segunda reflete a aceitação da "boa" imagem externa da companheira que é mais agradável ao Pai e à Lei, mas que também será uma fonte inexorável de pecado. Seria, portanto, uma experiência *libidinosa profunda e distinta em duas fases, com um princípio implícito de ambivalência.*

Tentamos, enfim, interpretar a figura de Lilith pelo viés da *condensação*: o que foi vivenciado com Lilith *também foi vivenciado* com Eva. Na semelhança dos dois mitos, podemos discernir a contradição dos comportamentos de Adão, bem como a complexidade das reações emotivas e sexuais diante da mulher com relação a Deus pai. Poderia a *censura* sobre a feminilidade erótica "coberta de sangue e saliva" ser superada por meio da feminilidade, que provoca a exclamação "Esta agora..."? O que temos de definitivo é a soma das duas imagens, pois o Rabino Yehudah ben Shimon observa:

> Esta e aquela da primeira vez; e aquela ressoará para mim como uma campainha [...][23]

De fato, há a impressão de que houve duas fases: agora e a da primeira vez.

Símbolo do desejo, Lilith é repleta de sangue e saliva: "No instante em que foi criada a mulher, também foi criado Satanás, com ela".[24] Esse demônio também é uma mulher – aquela que todas as noites perturbava o sono de Adão. Segundo as Escrituras, "ele se perturbou", e o sonho erótico emerge do inconsciente e traz a Adão o pleno poder da energia vital. É Lilith que provoca o sonho.

"Perguntaram ao Rabino Simon ben Laquis por que os sonhos não cansam. Ao que ele respondeu: Desde o início da criação, nada mais foi que um sonho".[25] Eis, portanto, o primeiro tormento: o *sonho erótico*, o *desejo* por Lilith.

A primeira mulher foi criada bela como um sonho, e foi muito desejada. Aparece a Adão no Jardim do Éden, sob uma alfarrobeira ou um sicômoro, portando belos colares, como os que são citados em Isaías. Yahweh Deus a criara "não da cabeça, para que não se vangloriasse; não dos olhos, para que não quisesse ver; não dos ouvidos, para que não tivesse a curiosidade de ouvir; não da boca, para que não falasse demais; não do coração, para não ser ciumenta; não das mãos, para não tocar o que estivesse ao seu alcance; não dos pés, para que não perambulasse; mas daquele lugar escondido no homem, que, quando o homem está nu, permanece coberto".[26]

Lilith se une ao homem; até então, nenhuma criatura se acasalara, mas o homem conhece e faz conhecer pela primeira vez a relação sexual verdadeira. Como imaginaríamos o amor entre essas duas criaturas? Talvez pleno e intenso, como no erotismo que permeia o Cântico dos Cânticos (1, 15-17):

Eis que é formosa, ó meu amor, como és bela!

Os teus olhos são como os das pombas.

Eis que é formoso, ó amado meu, e também amável; o nosso leito é verde.

As traves de nossa casa são de cedro, as nossas varandas, de ciprestes.

Lilith é, sem dúvida, a sedutora, aquela que, em épocas posteriores, assim como Eva Mãe dos Homens e mulher, será vista como o *instrumentum diaboli*. Lilith é a que sussurra e geme (*Ct.* 1:5):

Eu sou morena, porém formosa.

É a mulher que oferece o fruto suave ao homem; e ele se perturba, sente-se combalido. Um ofuscamento que nos remete a Eros e Thanatos:

Põe-me como sinete sobre o teu coração, como selo sobre o teu braço, porque o amor é forte como a morte. (*Ct.* 8:6)

Como é o amor entre o primeiro homem e a primeira mulher? Assim foi ensinado: "Todos os seres praticam o ato sexual com o rosto de um voltado para o dorso do outro, exceto dois que se unem dorso a dorso: camelos e cães; ou três que se unem face a face, porque a Presença Divina assim lhes falou; e são o homem, a serpente e o peixe".[27]

Suas brasas são braças de fogo,
com veementes labaredas.

As muitas águas não podem apagar este amor,
nem os rios afogá-los. (*Ct.* 8:6-7)

Podemos imaginar a intensidade desse amor na dimensão divina, em que tudo era muito bom, com o auxílio do esplendor dos versículos dos Cânticos, bem como de outros textos bíblicos que nos permitem entender que a tradição hebraica não tinha preconceitos específicos contra a sexualidade. O Adão do paraíso terrestre celebra as belezas de sua mulher:

Eis que és formosa, meu amor,

eis que és formosa;

os teus olhos são como os das pombas

entre as tuas tranças;

o teu cabelo é como o rebanho de cabras

que pastam no monte de Gileade.

Os teus dentes são como o rebanho das ovelhas tosquiadas,

que sobem do lavadouro,

e das quais todas produzem gêmeos,

e nenhuma há estéril entre elas.

Os teus lábios são como um fio de escarlate,

e o teu falar é agradável;

a tua fronte é qual um pedaço de romã

entre os teus cabelos.

O teu pescoço é como a torre de Davi,

edificada para pendurar armas;

mil escudos pendem dela,

todos broquéis de poderosos.

Os teus dois seios são como dois filhos da gazela,

que se apascentam entre os lírios.

Até que refresque o dia

e fujam as sombras,

irei ao monte da mirra

e ao outeiro do incenso. (*Ct.* 4:1-6)

Tudo isso indica uma grande intimidade afetiva entre o homem e seu criador, enquanto a mulher é a personificação do sentimento que une a Deus o homem da antiga tradição. Sobretudo nas versões aramaica e hebraica do Alfa Beta,[28] reza a tradição que o amor entre os dois é perturbado já quase no início. A partir daí, entendemos que se forma uma analogia entre o simbolismo dos mitos de Lilith e de Eva e, assim, podemos aproximar as modalidades das experiências e os valores simbólicos, como o fazemos nos comentários sobre o *Gênesis*. Assim é o mito de Lilith.

O amor de Adão por Lilith, portanto, foi perturbado desde o início. Não conviviam em paz, pois, quando se uniam no coito, provavelmente na posição mais natural, a mulher por baixo e o homem por cima, Lilith se mostrava impaciente. "Por que devo ficar embaixo de você? Por que devo me abrir sob seu peso?" É possível que a reação do companheiro fosse de perplexidade. Lilith, porém, insiste: "Por que preciso ser dominada por você? Também fui feita do pó e sou, portanto, sua igual". Ela deseja inverter as posições sexuais por questão de paridade, para criar uma harmonia que indique *igualdade entre os dois corpos e as duas almas*. A despeito do pedido, ainda úmido de calor suplicante,

Adão responde com uma recusa franca: Lilith deve se subjugar a ele e permanecer, no aspecto simbólico, abaixo do homem, suportar seu corpo. Há, portanto, um imperativo, uma ordem que não pode ser transgredida. Contudo, a mulher não aceita essa imposição e, por isso, se rebela contra o companheiro. Ocorre, enfim, uma ruptura do equilíbrio. Pois quais são a ordem e a regra do equilíbrio? Está escrito: "O homem é obrigado a reproduzir, não a mulher".

Disse o Rabino Yochanan (Johanan ben Baroka): "Seja o homem ou a mulher [...] Assim foi dito: 'O homem obriga a mulher a não sair, pois toda mulher que sai acaba caindo. Essa é a supremacia do homem sobre a mulher". Mais uma vez, encontramos perguntas e respostas do Rabino Yehoshua: "Por que o homem pede o que quer da mulher, e a mulher nada pede dele?". E eis a clamorosa resposta do rabino: "É como uma pessoa que procura algo que perdeu; não é o objeto perdido que procura a pessoa".[29] Como se disséssemos que a mulher é uma coisa inanimada, ou irresponsável ou infiel por natureza. Apenas um objeto!

Concentremo-nos, porém, em outras perguntas que encontramos no Berešît-Rabbâ:

> Por que nos funerais as mulheres caminham sempre à frente do morto? Resposta: Porque elas trouxeram a morte ao mundo, precedem o féretro. Por que à mulher foi imposto o preceito da menstruação? Porque ela derramou o sangue de Adão. Por que lhe foi imposto o preceito do lume do sábado? Porque foi ela que apagou a alma de Adão.[30]

Temos material suficiente para compreendermos como a cultura rabínica e patriarcal via a mulher! No plano psicológico, a reivindicação de Lilith era legítima. Depois da recusa de Adão em conceder a inversão de posições no ato sexual, portanto, a paridade à companheira, Lilith pronuncia irritada o nome de Deus, acusa Adão e se afasta dele.

Por causa desse episódio, Adão é dominado por uma sensação de angústia e abandono. O sol se põe, e começam a descer as primeiras trevas da noite do sábado. Lilith o largou. O homem impusera um "não" à mulher. Chega a escuridão pela segunda vez, a mesma da sexta-feira em que Yahweh Deus criou os demônios. Volta o momento do sono profundo. E o sono prenuncia a queda.

Ninguém o viu, nem o soube, nem se despediu. (1 *Sm.* 26:12)

Como era esse sono? Que torpor domina Adão, obstinado na recusa, a ponto de não mais ver Lilith? Seria o torpor da profecia ou da loucura?

Diz o Rabino Nezirah: "Trinta e seis horas durou aquela luz: 12 da vigília do sábado, 12 da noite do sábado e 12 do sábado. Quando o sol se pôs no fim do sábado, a escuridão se expandiu".[31]

Atemorizado, Adão se sente oprimido pela escuridão. Sente que todas as coisas boas se acabaram. Acorda, olha ao redor e não encontra Lilith nas proximidades. Acha que a companheira, mais uma vez, desobedeceu aos seus mandamentos. Dirige-se, então, a

Yahweh Deus, *como um filho que confia na experiência e na autoridade paterna.* "De noite, no meu leito, busquei a amada de minha alma, busquei-a e não a achei" (*Ct.* 3:1).

Ele, então, cai em desespero e amargura por ter perdido Lilith. Conversa com o Pai, que quer saber a causa do conflito e compreende que a mulher desafiou o homem, portanto o próprio divino.

> Não a criei da cabeça, mas ela se vangloriou [...] Nem dos olhos, mas ela quis ver. Nem dos ouvidos, mas teve a curiosidade de ouvir [...] Nem da boca, mas ela quer falar demais. Nem do coração, mas é invejosa. Nem das mãos, mas quer tocar tudo. Nem dos pés, mas quer perambular.[32]

Lilith, enfim, fugiu para longe, rumo às margens do Mar Vermelho, depois de profanar o nome de Deus pai.

O que aconteceu no momento crucial? Já foi dito que Lilith é um demônio. Ora, sabemos, por intermédio das Escrituras, que a serpente também é um demônio; então, Lilith é a condutora do pecado, da transgressão.

A serpente-demônio, ou a natureza demoníaca em Lilith, induz a mulher a *"fazer algo" que o homem não aceita*; de Lilith vem o pedido da inversão das posições de homem e mulher no coito, porém Eva comete o ato de transgressão da árvore ao seguir o conselho da serpente. No mito de Lilith, a serpente pode se equiparar à manifestação do instintivo, imbuído na pergunta: "Por que devo ficar embaixo de você? Também fui feita do pó e sou, portanto, sua igual". Adão, por sua vez, afasta de si a ameaça.

Como se lê no *Zohar*: "A minha alma anseia por ti". Mas, para *anima*, se usa o termo *"nephesch"*, ou seja, a alma no sono, quando este constitui um perigo, o início da queda. *Nephesch* é o nível inferior, a base sustentável do corpo; só pode existir se for unido ao corpo, que, por sua vez, só existe graças a *nephesch*. Acima dessa alma se encontra *ruach*, o espírito. Os dois devem se sobrepor para alcançar a totalidade representada pelo Neshamah, a ordem divina. E o *Zohar* continua:

> Nephesch é um pedestal para Ruah, e *ruah*, por sua vez, serve de pedestal a *Neshamah* [...] Lembra-te de que *nephesch* é o grau inferior do corpo, semelhante à parte mais baixa de uma vela, de cor escura, que permanece presa ao pavio, só existindo unida a ele. Presa ao pavio, essa chama escura se torna o pedestal para a parte superior da chama, de cor branca; quando as duas partes se unem, promovem a chama superior e imperceptível, que se assenta sobre a chama branca.[33]

Vemos, portanto, Lilith como *nephesch* e Adão como *ruah*: a união alquímica dos dois é, além do *coniunctio oppositorum*, *neshamah*.

Lilith é a parte inferior da chama de uma vela, a que fica atrelada ao pavio (ou seja, a parte mais enraizada na terra), ao passo que Adão seria a parte branca da chama. Dessa completude, é emanada a luz. Essa reflexão define a ordem vertical dos níveis da expressão vital.

Um comentário do Rabino Yehudah ben Shimon pode nos ajudar a compreender os motivos do protesto de Lilith e de sua competitividade despertada pela autoconservação:

Aquele que foi criado na ordem do tempo depois de seu companheiro domina o companheiro: o céu no primeiro dia e o firmamento no segundo, sendo que este não carrega aquele sobre si! O firmamento no segundo dia, os vegetais no terceiro, aquele ministra a estes água. Os vegetais no terceiro dia e os luminares no quarto: por acaso, não são estes que permitem àqueles frutificar? Os luminares no quarto dia e os pássaros no quinto. [...] O homem foi criado no fim para dominar tudo. Apressai-vos a comer antes que (Deus) crie outros mundos que vos dominem, conforme está escrito: "E a mulher viu que era bom. [...] Persuadida foi ela pelas palavras da serpente".[34]

Parece, enfim, uma lei natural a mulher prevaricar para não se submeter ao domínio do homem. Lilith quer ser considerada igual, Eva pensa que a aquisição do conhecimento proibido não implica a morte. Lilith desobedece à supremacia de Adão, e Eva, à proibição; as duas assumem um risco ao cometer determinado ato.

Depois, tudo se transforma.

Voltemos, enfim, a Lilith. No momento vital em que Adão lhe nega o pedido, ela foge para o Mar Vermelho, com ódio do companheiro. O Yahweh Deus lhe dá uma ordem: "A mulher deve atender ao desejo do marido. Volte para ele!".

Em vez de obedecer, Lilith se recusa: "Nada mais quero ter com meu marido". Deus insiste: "Retome o desejo original: volte a desejar seu marido".[35]

A natureza de Lilith, porém, mudou no momento em que ela blasfemou contra Deus, e ela deixa de ser obediente.

Yahweh Deus, então, envia um contingente de anjos ao Mar Vermelho. Eles a encontram nas terras desérticas do Mar Arábico, onde, segundo a tradição hebraica, as águas atraem como um magneto todos os demônios e espíritos ímpios. Lilith se transforma, não é mais a companheira de Adão. É a natureza demoníaca manifesta, cercada de todas as criaturas nefastas das trevas. Está em um lugar amaldiçoado, onde crescem cardos e abrolhos (*Gn.* 3:18); mosquitos, pulgas e moscas perigosas infectam as criaturas; urtigas e espinhos ferem os pés; covis de chacais se ocultam entre as pedras; cães selvagens, hienas e sátiros clamam uns aos outros em orgias lascivas e sedutoras (*Is.* 34:13-15).

Com a chama e a espada flamejante, os anjos ordenam a Lilith que volte para junto de Adão, pois, do contrário, morrerá afogada. Lilith, porém, continua amarga como o absinto, aguda como uma faca de dois gumes (*Pv.* 5:4), então, retruca: "Como posso voltar para meu homem e viver como sua esposa depois de meu gesto e de viver aqui?".[36] Mas não há lugar para dúvidas ou hesitação, e os anjos proclamam: "Se desobedecer e não voltar, morrerá!".

A tensão dramática desse evento é muito forte. O confronto é total no momento em que as forças do céu se digladiam com as forças da terra e das trevas. Um conflito no qual, de um lado, pesa a ameaça à autoridade celeste, ao arrogante destino, e, de outro, desabrocha a flor venenosa do desdém e da afronta. Na rebeldia, Lilith reconhece muito bem seu papel: "Como posso morrer se o próprio Deus me deu um encargo relacionado a todas as crianças do sexo masculino até o oitavo dia de vida, data da circuncisão, e das do sexo feminino até os vinte anos?"[37]. Na narrativa tradicional, parece surgir uma discordância entre a mensagem dos anjos e a vontade divina. Lilith tem um dever demoníaco imposto por Yahweh Deus e, portanto, deve ficar na região do Mar Vermelho. Por que os anjos ofereceriam outra solução?

Uma possível resposta estaria na identidade revelada por Lilith, uma associação com o próprio lado demoníaco. É a simbologia da serpente que a força a dizer tais palavras. Foi o próprio Deus que a incumbiu de fazer algo com os recém-nascidos (isso será explicado mais adiante). É ingrato o dever ou o destino de Lilith. Sua natureza é *sagaz*, como a da serpente (*Gn.* 3:1-2). Sua sabedoria demoníaca é grande, mas de igual tamanho é, porém, seu sofrimento. Enquanto adquire conhecimento, Lilith acumula sofrimento e acaba aceitando-o. Recusa-se a seguir os três anjos e lhes diz: "Se eu vir seus nomes ou semblantes em um recém-nascido, prometo que o pouparei".

De certo modo, os anjos aceitam de bom grado a má vontade e concordam com a concessão parcial de Lilith. Voltam ao Éden, mas Yahweh Deus já havia resolvido punir Lilith por meio do extermínio de seus filhos.

Quem eram esses filhos? No *Alfabeto de Ben Sirá*, lemos que Lilith se acasalara com os demônios e gerara cem outros por dia, chamados Lillim, nome semelhante ao dela, que deriva do sumério *Lil* e que, nas diversas definições acadianas, significa "tolo" ou "pasmo". Esses pequenos demônios eram conhecidos também na escrita bíblica sacerdotal, pois, no *Targum de Jerusalém*, a bênção sacerdotal de *Números* 6:26 apresenta-se assim: "O Senhor te abençoe em cada um de teus atos e te proteja dos Lillim!"* Os demoniozinhos foram dizimados pela mão implacável de Yahweh Deus. Esse cruel extermínio acirrou uma verdadeira guerra entre o criador e suas criaturas, gerando uma vingança de Lilith: ela atiça a ira de seus filhos e, ajudada por outro demônio feminino, parte pelo mundo e estrangula crianças pequenas nas casas, à noite, ou surpreende os homens adormecidos e os induz a abraços mortais.

Assim se apresenta na tradição hebraica a história de Lilith. Não há conclusão. Lilith permanece em sua liberdade, endemoniada, talvez a rainha no palácio dos demônios, na condição de seu espírito feminino. Do instante em que declara guerra a Deus Pai e Ele a encarrega de determinada função, ela desencadeia sua força destrutiva e, a partir desse momento, começa a haver paz na humanidade.

---

* Na versão bíblica tradicional, o referido versículo é: "O Senhor sobre ti levante o rosto e te dê a paz". (N. do T.)

3 Lilith na Tradição Sumério-Acadiana

SÃO RARAS AS FONTES QUE mencionam o nome de Lilith. Decerto, a raiz suméria Lil aparece na formação dos nomes de diversas divindades assírio-babilônicas e de espíritos ímpios, tais como Enlil, Ninlil, Mulil, Anlil.

Existe, na tradição sumério-acadiana, um deus chamado Lillu, que significa "tolo"; ele é irmão de Egime, a "princesa minha", e pouco se sabe sobre ele.[38] Na liturgia acadiana e mesopotâmica, encontram-se (como veremos adiante) preces e conjurações com os nomes Lilitu e Lilû, que são figuras malignas de demônios e poderes do mal. Em 2000 a.C., o nome parece ter se convertido em Lillake. A propósito, Graves menciona uma tabuleta suméria de Ur que narra a história de "Gilgamesh e os salgueiros".

Nessa história, Lillake seria um demônio feminino que vive no interior do tronco de um salgueiro que é protegido em seu âmbito religioso pela deusa Inanna, a Senhora do Céu, que é equivalente a Vênus, deusa do amor e da guerra, que, por sua vez, é semelhante a Ishtar. Segundo a tradução de uma etimologia hebraica, o nome da Lilith bíblica deriva de "Layl" ou "Laylah", que significa noite, ou melhor, *espírito da noite*.

Os autores modernos, contudo, costumam associar o nome com a suméria "Lulu", que significa "libertinagem". Lilith seria, portanto, um verdadeiro demônio noturno que induz à volúpia.[39]

Como veremos, o nome sofreu transformações profundas, mas passa no aspecto conceitual para o mundo grego por intermédio das Lâmias, das Erínias, de Hécate ou Empusa, ou seja, demônios femininos ou entidades malévolas.

No panteão assírio-babilônico das inúmeras divindades inferiores, assim como na época sumério-acadiana anterior, Lilith era considerada um demônio feminino, um gênio do mal.

Lilith-Lilitu-Lulu é uma variante do *demoníaco* na região hebraica do Oriente Médio, uma expressão da flama obscura da sexualidade desenfreada, capaz de induzir e subjugar o homem.

Tudo o que se afastava da Torá era quase sempre uma expressão do demônio.

Já na época dos sumérios, Lilith era representada em um baixo-relevo (ver ilustração no começo deste livro), que foi reproduzido no texto de Erich Neumann.[40] É uma imagem que está de frente, em pé, com os braços abertos, os cotovelos flexionados em direção aos flancos, em ato de oração, com as mãos espalmadas e os dedos unidos.

A figura tem uma conformação claramente rotunda, com olhos grandes e bem delineados e um nariz normal. A boca se abre em um vago sorriso, imperativo, de provocação sexual; enfim, a expressão geral pressagia a modalidade plástica grega arcaica: impenetrável, severa, poderosa e inefável.

Seu penteado é impressionante, segundo o esquema mesopotâmico ou protoassírio: saem de sua nuca quatro serpentes sobrepostas que formam um cone e cujas cabeças se erguem em clara posição fálica para onde convergem repartidas. A simbologia remete à Kundalini, ascendente numa percepção total, semelhante às figuras das Górgonas. Descem nas costas de Lilith, em ângulo reto, duas asas esculpidas com perfeição. A energia humana parece concentrada exatamente nas costas e no peito, onde os seios se mostram redondos, com uma obscura função sedutora. Esses traços agraciam a figura com uma extraordinária qualidade lunar.

O corpo é robusto, muito feminino até a ampla bacia e o púbis.

As pernas, porém, se afinam até os joelhos, perdem a plasticidade feminina e se tornam animalescas; no lugar dos pés há umas garras horríveis e fortes de abutre que se projetam de dedos enrugados e medonhos.

Os maléolos toscos e lígneos lembram a pele rugosa de elefantes e rinocerontes, e a disposição das garras é simétrica, vertente, com um aspecto de dominação. Toda a poderosa energia parece convergir sobre as patas animalescas que se apoiam no corpo de um animal bicéfalo agachado,* talvez uma leoa. Lilith segura nas mãos dois amuletos que têm uma vaga semelhança aos sinais hieroglíficos da balança – cetros de poder, iniciação e

---

* Descrição incorreta do autor, que não percebeu que se trata na realidade de duas leoas, pois na imagem, claramente, se vê a representação bidimensional de quatro patas no animal da direita, e de duas no animal da esquerda, deixando claro que se trata de dois animais e não de um apenas. (N. do E.)

justiça. Nas laterais da figura, vemos duas aves horríveis que parecem ameaçar o animal bicéfalo, esculpidas ao estilo protoassírio e cuja cabeça lembra a de águias, corujas ou da posição dos gatos egípcios. Encontram-se em posição frontal, com as patas unidas e rígidas, assim como a própria Lilith.

São animais vigilantes, que complementam a representação.

A escultura foi gravada em um triângulo equilátero cujos vértices inferiores são as cabeças dos animais e o vértice superior é a cabeça de Lilith. A medida geométrica se funde com a numérica, a partir da base em direção ao alto, com os números 4, 3, 2, 1 expressos na composição dos corpos e das cabeças. Lilith representa o 1 (Um) absoluto que domina 2 animais grandes e 2 pequenos, e por duas vezes se forma o 3.

A representação inteira do baixo-relevo é repleta de energia agressiva concentrada e vibrante, absolutamente desalentadora. A expressão de Lilith, sustentada pelos focinhos dos animais, é demoníaca, infernal.

A escultura em si já é uma alegoria, uma reprodução fantástica do mito de Lilith: na consciência popular, a primeira companheira de Adão já não é mais uma criatura em quem se possa confiar.

Ao lermos que Lilith, o demônio, fugiu para o Mar Vermelho com um séquito de outros demônios, podemos inferir que o centro da origem do mundo, o mito do Jardim do Éden, ou o céu de Yahweh Deus, se localizava na região mesopotâmico-babilônica entre os rios Tigre e Eufrates, uma área entre a Palestina e o Golfo Pérsico.

O Mar Vermelho ficava fora do centro da civilização, além do terrificante deserto da Arábia a oeste da Babilônia. Lilith, que, segundo a imaginação humana, fugira do Éden e conseguira se adaptar às ermas regiões desérticas, estabelece ali o reino de todos os demônios.

O tempo que ela vive nesses locais poderia corresponder ao comentário sobre o *Gênesis*: "No período de cento e trinta anos em que Adão viveu longe de Eva, os espíritos masculinos por ela se apaixonaram e ela teve filhos com eles; enquanto os espíritos femininos se apaixonaram por Adão e dele engravidaram". Também: "Nos anos em que esteve banido, Adão gerou espíritos, seres nefastos e demônios da noite [...]".

A origem dos demônios é muito polêmica. São várias as versões sobre a criação deles, e resumiremos aqui algumas. Segundo a primeira versão, que já descrevemos, os demônios foram criados por Deus na noite do sexto dia. Já a segunda os considera almas perversas transformadas por Deus em espíritos malignos. A terceira versão atribui a origem dos demônios ao resultado do coito entre um espírito ímpio e o primeiro casal humano (incesto?). A quarta versão, evolucionista, citada por A. Cohen, afirma:

> Depois de sete anos, a hiena do sexo masculino se transforma em um morcego. Este, sete anos depois, vira um vampiro; o vampiro, sete anos depois, vira uma urtiga; a urtiga, por sua vez, sete anos mais tarde, se transforma em um espinheiro; o espinheiro, enfim, sete anos depois, vira um demônio.[41]

A mudança corporal de Lilith, uma vez transformada em demônio, pode ser explicada por essa crença sobre os demônios:

"Eles possuem a habilidade de mudar sua aparência e podem ver enquanto são invisíveis".

A realidade inteira era impregnada de espíritos malignos, e, se o olho humano pudesse vê-los, nenhum homem poderia viver por causa desses espíritos malignos.

Talvez houvesse um meio de detectar e ver também Lilith, já naquele aspecto terrível. O *Berešît-Rabbâ* menciona o seguinte recurso:

> Aquele que desejar ver suas pegadas, peneire cinzas e as espalhe em volta do próprio leito. Verá pela manhã algo parecido com as marcas dos pés de um galo. Quem desejar vê-la, pegue a placenta de uma gata preta, filha de uma gata preta [...] torre-a no fogo, converta-a em pó, passe-a sobre os olhos e a verá.

Se nos lembrarmos da escultura suméria de Lilith, veremos que as garras parecem pés de galo, que era considerado um animal das trevas.

Demônios e Lillim (inclusive Lilith) habitam, como já vimos, os locais sombrios, imundos e perigosos: em meio às pedras, nas areias do deserto, entre ruínas, mas sobretudo perto da água.

No *Talmude*, os refúgios dos demônios são os rios, lagos, os mares, as construções em ruínas, as fontes ou nascentes ocultas nos bosques; os banheiros, os fornos e as latrinas, até nos sórdidos mictórios. Portanto, segundo Cohen,[42] quando as pessoas entram neste último levam um balde com água da fonte, pedem licença ou dizem "com licença, bendito"; e, se entrarem em uma latrina, fazem uma súplica a Deus antes dessas palavras. Nas ruínas, porém, há um perigo maior de depararmos com espíritos ímpios; e, se for um demônio feminino, o risco é ainda mais grave. A água é seu refúgio preferido. Um rabino conta que um espírito o alertara da presença de um demônio junto à fonte da aldeia. Com o intuito de subjugá-lo, todos os moradores deveriam bater com pás e enxadas na superfície da fonte logo ao amanhecer, clamando "A vitória é nossa!". Em seguida, apareceria na superfície um horrível coágulo de sangue. O *Talmude* exorta o cuidado com líquidos guardados expostos nas casas, pois Lilith pode conspurcá-los.

> Um espírito maligno desce sobre alimentos ou bebidas guardados debaixo do leito, mesmo dentro de receptáculos de ferro.

Outra recomendação nos remete ao clima que se instaurava naqueles tempos:

> Não convém derramar em via pública a água que ficou descoberta à noite, nem lavar com ela o assoalho de uma casa; também não se deve usá-la para fazer cal, dar de beber aos rebanhos, ou sequer lavar as mãos e os pés com ela.[43]

Mais sério ainda é o seguinte conselho:

> Ninguém deve beber água na noite de quarta-feira ou de sábado. Se o fizer, subirá o sangue à sua cabeça por causa do perigo. E que perigo é esse? Um espírito ímpio.

Havia uma advertência específica para algumas categorias de pessoas sujeitas aos ataques de Lilith: homens, crianças, inválidos e recém-casados. Segundo uma tradição, Lilith tinha cabelos longos e lisos, uma imagem clara da mulher sensual e perigosa. Diz essa tradição:

> Nenhum homem deve dormir sozinho em uma casa; se assim o fizer, será molestado por Lilith (*Shab*. 1516 – cit. Cohen).

Segundo R. C. Thompson, no folclore judaico tardio, Lilith adquire um caráter terrível para os semitas, o horror das parturientes e das crianças, pois costuma raptá-las.

A imaginação popular nos tempos babilônicos era pontuada pela virulência de Lilith. Acreditava-se que ela jamais parava em um único lugar, nunca descansava de dia nem de noite, sempre decidida a extravasar sua fúria contra Deus e os homens.

Talvez cercada pelos Lillim e outros espíritos, irrompia em meio ao silêncio da noite nas encruzilhadas dos povoados e das cercanias, e todos sentiam sua presença. Assim relatam as testemunhas dos demônios de Lilith:

> [...] Vão de casa em casa, pois as portas não os detêm e as trancas não impedem sua entrada. Eles rastejam como serpentes por baixo da porta, infiltram-se como ar pelas frestas dos batentes. Arrebatam a mulher dos braços do marido, tiram a criança do colo do pai, expulsam o homem do seio de sua família.[44]

Para evitarmos confusão entre as diversas figuras da demonologia à qual também pertence Lilith, apresentamos uma descrição aproximada da hierarquia dos demônios nos tempos sumério-babilônicos.

Devemos ter em conta que os demônios interagiam e tinham atribuições específicas, segundo a literatura hierática caldeia. Nem todos, porém, foram concebidos com o mesmo nível de perversidade. Os mais ínfimos demônios da cultura acadiana, como atestam as orações, eram os *utukku* ou *utuk*, por sua vez, subdivididos em vários grupos, tais como os *alu* ou *alad*, demônios muito destrutivos.

Em seguida, vinham os *ekimmu* ou *gigim-gikim*; e os *rabisú* eram demônios guerreiros e belicosos que tinham o hábito de emboscar seres humanos. Masculinos e femininos, eram teriomórficos, dotados de todos os atributos humanos, mas suas características, como vimos sobretudo em Lilith, refletiam com fidelidade seu caráter perverso e feroz. Era frequente uma personificação monstruosa além de qualquer imaginação: estão expostos no Louvre, no Museu Britânico e no Museu de Berlim baixos-relevos, cilindros, estatuetas e outras obras nas quais deparamos com o impressionante testemunho da demonologia sumério-acadiana e babilônico-assíria.

Os demônios eram vistos como dragões enormes, com a garganta escancarada, um corpo híbrido, em geral, de membros humanos e partes de leão, tigre, pantera, hiena, touro, bode, águia, serpente, escorpião, cão, peixe e outras feras com bico e garras; também eram comuns as imagens de cabras aladas repletas de escamas enrugadas horríveis. Quase todos esses demônios eram representados no ato de atacar, morder, montar armadilhas, capturar. Vez ou outra, os demônios aparecem munidos com lanças, adagas ou cetros mágicos. Há uma descrição de um demônio monstruoso, o mais horrível de todos, simplesmente repugnante, chamado "Demônio do Vento do Sudoeste", com corpo de cão, garras de uma ave de rapina, braços humanos com garras de leão, cauda de escorpião, e a cabeça é uma caveira horripilante com restos de carne e os olhos são salientes em órbitas profundas; sobre a cabeça, chifres de bode. Para completar, quatro asas grandes e fechadas. Essas figuras horrendas e asquerosas, às vezes, eram tão ofensivas aos olhos que causavam pavor mesmo entre si! Deve-se salientar que, em alguns casos, os nomes dos demônios, como *ekimmu*, *gallu*, *anunna*, serviam também para designar espíritos bons.

Em alguns textos, Lilith é descrita como o principal demônio feminino, com corpo transbordante de sensualidade, olhos cintilantes, braços brancos e desejáveis, enquanto a boca e a vagina vibram como ventosas suaves que emanam vertiginosos perfumes de prazer.

Para alguns povos, "Lilith" representa o "espírito do vento". Nessa condição, sobretudo para os povos nômades, ela era identificada como o impiedoso Vento do Sudoeste, quente e perturbador, que sopra dos desertos remotos da Arábia e se estende para o Norte e o Oriente até as regiões da bacia do Tigre e do Eufrates, com um poder devastador no clima da Caldeia, capaz de causar grandes prejuízos à vida humana.

Lilith era transportada ou envolvida por esse furor dos elementos. Nas encruzilhadas, parava para se orientar e escolher quais casas ia invadir, por quais portas e janelas entraria, onde poderia encontrar um homem sozinho, crianças mal vigiadas ou mulheres sem companhia.

Lembrando-se da maldição de Yahweh Deus e da própria ameaça, Lilith atacava de surpresa e até se utilizava de ardis.

Para todos, ela era "Lil", ou seja, o íncubo, enquanto a vítima seria "Lilit", ou o *súcubo*, como foi súcuba a mulher no confronto com Adão.[*]

Quando o íncubo aparecia nas proximidades das casas, dos poços e dos estábulos, provocava angústia e um súbito despertar, como depois de sonhos inebriantes.

Dizia-se que, no meio da noite, às vezes, alguns homens sentiam uma súbita opressão sob o peso angustiante de um corpo quente que os cobria e abraçava com tal furor que ninguém conseguia se livrar a tempo, pois Lilith os induzia ao frenesi da ereção e de um orgasmo devastador.

---

[*] Tal como o autor coloca ao longo do texto, apesar de todas as culturas, nas quais surgem os nomes íncubos e *súcubos*, usarem essas denominações para demônios masculinos e femininos, respectivamente, durante muitas passagens deste livro ele dá uma outra definição – ainda que implícita, como nesse trecho – como uma atividade de dominação, de cunho sexual em sua grande maioria, definindo súcubo como "aquele que se posiciona por baixo na cópula carnal", de forma passiva, enquanto e íncubo como "aquele que domina e se deita sobre alguma coisa ou alguém. Portanto, Lilith muitas vezes neste livro é referida como um íncubo. (N. do E.)

Segundo algumas tradições orais, contudo, tais homens pereciam ou adoeciam de profunda melancolia. Outros voltavam quase desmaiados e exauridos da boca de Lilith. Na tentativa de fugir do demônio ameaçador, a vítima fechava os olhos e urrava, mas a pavorosa Lilith ainda se fazia sentir presente, com sua força sexual e psíquica.

Por outro lado, se a vítima desviasse o olhar para não ver a incrível mulher de seios vistosos, nem as escamas, o ventre e as coxas iminentes do conúbio demoníaco, acabava envolta pela respiração gélida e pelos gemidos de escárnio, até se constranger a olhar de novo, deparando-se com o espectro de Lilith, que, com um brilho inumano nos olhos terríveis, paralisava a vítima.

Em alguns casos, os homens eram pegos nus enquanto dormiam com o órgão sexual ereto; e a íncuba da mulher monstruosa sobre seu peito, silenciosa e imóvel, perversa, obrigava-os a penetrá-la de um modo ardente. Entretanto, seu peso insuportável paralisava a respiração do homem. Nessas ocasiões, a vítima se lembrava de uma opressão torácica horrível, uma sensação de imobilidade absoluta, na qual não havia o menor sentimento de liberdade; pelo contrário, era a sensação de ameaça de feitiçaria. O homem era subjugado pelo demônio, que podia fazer com ele o que quisesse. O despertar dessas vítimas das súcubas era sempre difícil, com gritos e uma sensação de pânico acompanhada de gestos desconexos, como se, com as mãos, tentasse afastar aquilo que lhe apertava o peito ou a garganta, ou limpar a boca e o rosto de algo pegajoso que causava náuseas. O corpo ficava banhado de um suor frio e sofria espasmos ou vertigens depois de ter sido envolvido pelo abraço atroz; havia uma palpitação cardíaca paroxística, um zumbido nos ouvidos na tentativa de se abafar o sussurro da voz horrível de Lilith, persuasiva e ímpia. No dia seguinte ao toque de Lilith durante o sono, os homens sentiam um mal-estar profundo, uma sensação de peso, uma depressão aguda, um desequilíbrio, e eram acometidos por ataques de choro descontrolado, seguidos de dores de cabeça e lassidão nas pernas.

Nota-se nessas descrições a experiência que chamamos de *Angst*, denominação germânica que significa uma mistura de terrível opressão, terror, pânico, ansiedade, susto, tudo combinado na emoção do íncubo dominador. Sem dúvida, também se atribui a Lilith a qualidade de *vampiro*. Quanto a essa informação, só há uma fonte, Ernst Jones, que diz:

> Assim como os íncubos sugam da vítima seus fluidos vitais e a deixam abatida, também os vampiros costumam se assentar sobre ela, sufocando-a. A Lilith hebraica, que Johannes Wejer chamava de princesa dos súcubos, era descendente da babilônica Lilitu, uma conhecida vampira.[45]

Além disso, Jones entende o vampiro como um símbolo de desejos sexuais incestuosos transferidos e diz que o nome Lilitu deriva de "lulti", termo que significa lascívia, e não da palavra hebraica usada para *noite*.

Encontrou-se também uma relação de Lilith com *Alp* e *Mara*, dois espíritos ímpios que sugam o sangue humano em rituais sexuais.

Era vital evitar o contato físico, e, para isso, a argúcia pessoal da vítima nem sempre bastava, pois raramente o homem podia se safar; realizavam-se, então, rituais de esconjuros, fórmulas apotropaicas, preces e invocações. A liturgia sumério-acadiana e também a babilônico-assíria contêm inúmeras orações e rituais em que se destaca o poder de Lilith como um demônio maligno. Nos textos a que temos acesso, encontramos constantes referências ao nome dela entre os mais importantes espíritos do mal, dos quais o humano tinha de se defender. Há uma prece suméria, uma oração de "mãos erguidas", que se faz ao deus Marduk, um dos principais deuses solares de sabedoria infalível, um astro saído do abismo das águas para iluminar o mundo e transmitir aos homens os decretos da sabedoria eterna. Um dos poderes especiais de Marduk era o de afastar dos homens os demônios e curar por quaisquer meios suas enfermidades. As invocações sempre levavam em conta os perigos oriundos das ameaças noturnas de Lilith.

Reproduzimos aqui o texto integral da prece, estruturada como um hino, pois ela dá uma ideia do poder de Marduk no combate aos demônios:

Oração com as "mãos erguidas" para Marduk

(Esconjuro Grande Senhor) da nação, rei de todas as regiões,
(filho primogênito de Ea) que reina no céu e na terra.
(Marduk) Grande Senhor da nação, rei de todas as regiões,
[...] deus dos deuses.
(Primeiro) no céu e na terra, sem rival,
Que determina as decisões de Ane e de Enlil.
Mais misericordioso dos deuses,
piedoso que se compraz de dar vida ao morto,

Marduk, rei do céu e da terra;
Rei de Babel, rei de Esagila,
Rei de Ezida, rei de Emathila.

A ti pertencem o céu e a terra,
a ti pertencem todos os lugares do céu.

A prece que (garante) a vida te pertence,
o sopro de vida te pertence,
a fórmula mágica de Apsu te pertence.

Os seres viventes, a multidão dos chefes negros,
os animais que por nome se conhecem e que habitam a terra,
as quatro regiões inteiras,
os Iguigui do universo celeste, quantos forem,
é a ti que escutam.

Tu és o seu deus,
tu és o seu gênio protetor,
és tu que lhes sustenta a vida,
tu és o seu benfeitor.

Mais misericordioso dos deuses,
piedoso que se compraz de dar vida ao morto.

Invoquei teu nome, declarei tua grandeza,
e louvarei a grandeza de teu nome (entre o nome) dos deuses,
celebrarei tua glória.

Que o doente se livre do mal!

Namtar, Asaktu, Samana,
espírito malévolo, Alû maligno, espectro maligno,
Gallû maligno, deus maligno, Rabisso maligno,
Lamastu Labasu Abbazu,
Lilû, Lilitu, serva de Lilitu,

Namtar maligno, Asakku maligno, doença maligna.

Trabalhos do mal, imundície, doença de pele;

[...] febre, icterícia, moléstia da face, moléstia da língua,

saiam de sua casa.[46]

Nos versos 31-36 são citados os mais abomináveis espíritos malignos – *utukkû limnutu* –, inclusive Lilû e Lilitu, sem dúvida, uma referência a Lilith. Parece-nos que a expressão "serva de Lilith" indicaria a prostituta, a meretriz, ou, em termos genéricos, a mulher que talvez tivesse traços de malignidade demoníaca. As servas de Lilith seriam adoradoras de Anath, "mãe de todas as coisas", emanação feminina de Ame e soberana das trevas, ou, na verdade, do além-túmulo.

Os rituais se fundamentavam nos valores carnais e terrenos, opostos às coisas do céu. Muitas mulheres de Canaã se dedicavam ao meretrício, a serviço do demônio feminino, e ofertavam seus ganhos no templo. Depois, tal prática foi proibida.

Das filhas de Israel não haverá quem se prostitua no serviço do templo. (*Dt.* 23:17)

Lilith aparece entre determinados demônios que têm funções específicas e incumbências destrutivas. Vejamos seu significado na ordem para compreendermos como o trabalho dela se mesclava ao de Lilû e Lilitu. Namtar, o primeiro espírito mencionado na oração a Marduk, era um utukkû da categoria *alû*, ou seja, um destruidor.

Namtar não só ameaçava a vida com a peste como também a ele eram remetidas as almas condenadas.

As almas recebidas por Namtar nada mais tinham de humano, mas, sim, apenas de animal: cabeça de leão, corpo de chacal, garras de águia e rabo de peixe. Esse demônio era ligado a Nergal, o deus "destruidor". Há na coleção Le Clerq em Paris uma tabuleta em baixo-relevo, talvez de origem assíria, de Nergal ou Namtar, onde se vê entalhado esse demônio monstruoso. Bassi o descreve da seguinte forma:

Um monstro com quatro asas, as duas maiores abaixadas, enquanto as outras se estendem. Esse monstro de corpo esbelto, cuja cabeça parece uma glande, ergue-se sobre as garras posteriores, de ave de rapina, e apoia as anteriores, por sua vez, felinas, na borda da tabuleta. Da cabeça só se vê a parte de trás, e ela sobressai da borda e avança para o lado oposto. Se virarmos a tabuleta, o que veremos em primeiro plano é o focinho do monstro, também felino, e a goela escancarada, como que a emitir um rugido profundo. Ele tem olhos proeminentes e ameaçadores; a imagem geral é de ferocidade e inspira terror [...].[47]

O segundo demônio citado na oração é Asakku, no nível hierárquico, paralelo a Namtar, o que cuida de Aralu, o além-túmulo. Asakku provocava "febre cerebral", isto é, loucura. Assim como a peste, a loucura era algo que gerava o maior de todos os medos, e contra ela existiam diversas fórmulas de esconjuração. Segundo uma tradição de origem incerta, às vezes, um homem passava várias noites como *súcubo* de Lilith e, depois de passar por uma série de íncubos, enlouquecia. Com toda a probabilidade, sofria as síndromes psicóticas comuns. E, a partir daí, ficava sob o domínio de Asakku, portador de "febre, doença maligna". Samana é um demônio de significado incerto, talvez pertencente à categoria *alû*, como se vê no verso 32.

Gallû faz parte do grupo dos demônios guerreiros, que, ao lado dos *Rabisu*, agiam em campos abertos, estradas, desfiladeiros escuros nas montanhas, e preparavam emboscadas para quem passasse pelas trilhas. Os demônios Gallû disseminavam pragas horríveis ou provocavam mutilações nas mãos, enquanto os Rabisu (dos quais fazia parte uma variante de Namtar) eram aqueles que se empenhavam em queimar ou cortar a pele, ou a infectavam com atrozes pestilências.

Lamastu, mais que um demônio, era considerado um fantasma, assim como Labasu, o espectro maligno. Claro que agiam com a mesma dinâmica dos íncubos.

Citadas no fim da oração, na ordem comum dos hinos, chegam Lilû, Lilitu e a serva de Lilith, já mencionada. Não é absurdo pensar que os demônios, de acordo com o psiquismo popular, agissem juntos.

Um *alû*, por exemplo, podia aparecer com traços de Lamastu e, em seguida, assumir o papel de íncubo como Lilitu ou qualquer prostituta; na atuação de Asakku e Namtar, o conúbio com a vítima poderia causar transtornos e delírios psíquicos, seguido de sífilis ou outra "moléstia da pele", como diz a oração. No caso de morte, a vítima era enviada a Namtar, que a encaminhava para o inferno. Outra oração de "mãos erguidas", desta vez a "*Samas contra o mal causado por sortilégios*", esconjura Lilith com uma fórmula quase igual. Reproduzimos aqui o verso 32 do trecho central:

> [...]
> A causa do oprimido e da menosprezada, julgas tu,
> resolves suas questões.
> Eu (nome), filho de (nome), exausto, me prostro,
> pois, pela ira de deus e da deusa, um sortilégio me abateu:
> paralise, pois, Utukku, Rabisu, Etemmu, Lilû,
> as convulsões, o enrugamento da pele,
> artrite, insanidade, me dilaceram
> e todos os dias convulsões me provocam.[48]

Nessa prece, a descrição de enfermidades e somatizações é mais detalhada. Lilith provoca fenômenos neurológicos de origem claramente histérica. Em certos escritos cuneiformes sumérios, cujos originais se encontram no Museu Britânico, Lilith é relatada como um dos "espectros da família". Ela e outros espectros eram capazes de atacar um ou mais membros de uma família. A oração intitulada "Outros espectros da mesma família" traz um esconjuro que tinha o objetivo de afastar o espectro da pessoa à qual ele se acoplara, com uma espécie de "suborno" que consistia em comida e bebida, tufos de cabelos e pedaços da roupa da pessoa, além de um fetiche substituto para iludir os *etemmu*, isto é, os espectros.

> Esconjuro-te, espectro insepulto,
> que não tens quem de ti cuide;

cujo nome ninguém sabe,

mas Samas, que governa, te conhece,

masculino, como masculino,

feminino, como masculino (se comporta),

a Sama rogo, aos Anunnaki,

ao espectro de minha família,

recebeste um dom, foste agraciado com um presente...

Agora, escuta o que te digo!

Há um espírito ímpio, ou um nefasto Alû, ou um espectro mau,

Lamastu, ou Labasu, Anhazu, Lilû, Lilitu a serva de Lilû;

ou "qualquer maligno", sem nome,

que de mim se apossou (e que me atormenta)

se apega ao meu corpo, à minha carne,

às minhas fibras, e parece não sair [...].[49]

Poderíamos imaginar, nesse exemplo, Lilith representando no aspecto simbólico uma situação afetiva incômoda para uma família; por outro lado, talvez se trate de uma crítica a um parente do sexo masculino por se encontrar com prostitutas. Quando um homem tinha uma amante, logo se pensava nos atos de Lilith como "espectro da família".

Também é interessante a observação de que Lilith era vista como um demônio capaz de causar doenças. De fato, na concepção mesopotâmica, as doenças eram consideradas efeitos de infestações de espíritos malignos, espalhando-se sob as ordens de alguma divindade ofendida por atos voluntários ou não, ou provocadas pelas intrigas de magos e bruxos.

Para a pessoa obter a cura, deveria se entender com a divindade ofendida ou recorrer a "encantamentos" e sortilégios. Na prece a Nuscu, um deus solar protetor, o esconjurador utilizava ingredientes ritualísticos compostos de sal, óleo e álcali e recitava a prece, da qual reproduzimos uma parte:

Esconjuro, Nuscu, rei da noite que clareia as trevas,

tu adentras a noite e escutas os homens;

sem ti, não se pode preparar a mesa no Jardim dos Deuses.

Sedu, o "Observador", que captura o demônio maligno,

Gallû, Rabisu, deus maligno, Espectro (Utukku), Lilû,

Lilitu se ocultam em local secreto.

com tua luz, faz sair o "arauto da desgraça",

expulsa o espectro, derrota o mal,

Sulak, que assombra a noite e cujo toque é a morte [...].[50]

Nesse ponto, a fantasia extravasa, relacionando todos os demônios, mas a intenção é expulsar o arauto da desgraça o mais rápido possível, com o presságio de que o demônio feminino sabe se ocultar.

Podemos imaginar que a ação dos demônios fosse súbita, maciça e opressiva. Lilith, acompanhada de outros, ataca e domina um homem. Nessa esconjuração, percebemos a penetração de um demônio em um corpo humano. A oração, com toda a probabilidade, é uma das mais impactantes e dramáticas, mas reproduzimos aqui apenas os versos mais significativos, deixando o restante por conta do leitor. A mulher perigosa é citada na costumeira tríade. Molestou um homem e

[...] apossou-se de meu coração, da cabeça, do pescoço, do rosto;

tomou-me os olhos, que viam, tomou-me os pés, que andavam;

e tomou-me os joelhos, que me moviam.

Apossou-se de meus braços, antes ativos.

Como um morto fui deixado,

forçado a ver (tempos) difíceis.

O Utukku maligno, o Alû maligno, ou o Etemmu maligno,

o Gallû maligno ou deus maligno, ou o Rabisu maligno;

Lamastu ou Lamasu, ou Ahhazu,

Lilû, ou Lilitu ou a serva de Lilû;

ou a febre montanhesa,

mal-caduco, raça de Sulpacea,

ou sub-raça, "deus do mal",

ou "mão de deus", "mão de deusa",

ou "mão de espectro", "mão de Utukku",

ou "mão de homem", ou ainda Lamastu

[...]

ou qualquer um que não tenha nome

ou que enfeitice os homens

que de mim se apossou, noite e dia me aprisiona,

dilacera minha carne, todos os dias me enreda,

e à noite não me larga.[51]

Em outro documento, encontramos uma grande prece a Ishtar, com uma lista de diversos males, particularmente psíquicos, e na qual Lilith é citada em uma versão insólita:

Neste dia, sacrifiquei uma cabrita,

extraí-lhe a pele, todo mal

e tudo o que não fosse bom:

Lilû, Lilitu, a serva de Lilû,

os feitiços, a saliva (mágica),

imundícies, manipulações, amarrações;

que eu me afaste de tua presença, que te afastes de mim.

Que eu viva e tenha saúde no corpo.[52]

Apesar de certas variações, o tema de fundo permanece inalterado: as doenças, os maus-olhados, as manipulações, as dores e a necessidade de afastar os demônios malignos da própria pessoa ou de sua casa. Estamos por volta do ano de 630 a.c., e os rituais se alteram um pouco quanto às fórmulas antigas acadianas e protossumérias. Antes da conclusão, concentremo-nos por um instante no ritual assírio Bit-Rimki, que abrange o ciclo de orações de Ku-u-tu-Kam, dedicadas ao bondoso deus Sama, com a intenção de obter esconjuros contra moléstias ou outras inconveniências que poderiam afetar sobretudo o rei ou seus dignitários. Eram preces praticadas em Nínive durante o reinado de Assurbanipal. O rito era praticado apenas em situações de grave perigo, e a oração Ki-utu-Kam costumava ser recitada pelo oficiante com o mesmo gestual das "mãos erguidas". O próprio rei a recitava, passando por uma série de lavabos e fazendo variadas abluções com o auxílio da magia branca usada em certas estatuetas de terracota para operarem a transferência. Nos versos que reproduzimos, vemos ao menos uma vez a tensão dramática do esconjuro e o impacto psíquico no oficiante. A representação das doenças é tão plástica que dispensa comentários; e Lilith, cujo nome é escrito Lilû, é vista como um demônio que escolhe, ataca e paralisa o homem, com uma violenta aliança dos outros demônios do repertório. Observamos que nessa prece não são mencionadas as moléstias, mas, sim, as ações físicas dos demônios sobre o corpo das vítimas, o que é impressionante, pois parece uma luta corpo a corpo. No entanto, tudo é descrito com extrema plasticidade e imediatismo porque, para efeitos litúrgicos, as pessoas precisavam sentir como eram perigosos os ataques e as possessões demoníacas. Reproduzimos aqui a parte central da oração:

[...] Samas, sábio, excelso, és o conselheiro de ti mesmo;
Samas, és o excelso guia, juiz do céu e da terra.
Muito há no coração e, no entanto, nada se diz,
embora te comuniques com o "espírito" de todos os homens.
Não demores a abater o maligno com perspicácia e justiça.
Quem sofreu injustiça, quem sofreu violência,
os que impensadamente blasfemaram, que cegamente se opuseram,
o homem que Namtar dominou, o homem que Asakku capturou,
o homem contra o qual um Atakku malévolo se lançou,
o homem que um Alû malévolo atacou no leito,
o homem que um Etemmu malévolo à noite jogou por terra,
o homem que um grande Gallû matou,
o homem cujos membros foram paralisados por um deus maligno,

o homem que foi agarrado por Lamastu,

o homem que foi prostrado à terra por Labasu,

o homem que Ahhazu impregnou de febre,

o homem que foi vítima da serva de Lilû,

o jovem que foi incapacitado pela serva de Lilû,

o homem que caiu em um sono mau,

o homem que foi enfeitiçado,

o homem amaldiçoado por uma língua malévola,

o homem que sofreu um mau-olhado,

o homem imobilizado por um feitiço,

o homem prostrado à terra por um bruxo...

Samas, todas as vidas estão em tuas mãos!

Todas as queixas, tu reduzes a um único sentido

[...].[53]

Por quase todo o período da civilização neoassíria com Assurbanipal, da queda de Nínive, em 612 a.C., e mais adiante, na época do Império Neobabilônico, com Nabucodonosor II, até o domínio persa, perduraram traços vivos dos rituais sumérios e acadianos, que conservavam costumes e fórmulas relacionados às esconjurações contra Lilith. Depois dessa fase, o arquétipo feminino rebelde sofreu uma mutação ulterior, entrando no folclore e nos rituais egípcios e gregos, quando, então, perdeu o caráter de uma representação irracional de um terror mágico, anímico, invadido por surtos apotropaicos com uma expressão ctônica natural. Tempos depois, ocorre o contrário, e Lilith se firma como arquétipo e símbolo das proibições impostas ao *desejo* e às quais se agregam influências religiosas e psicológicas, transformando-a em um verdadeiro *tabu*.

Podemos deduzir que essa passagem, no plano da representação simbólica, converte a transformação de Lilith em demônio terrestre em uma representação astral focada na Lua. O conceito da Grande Mãe, então, inclui também Lilith. Dessa vez, a projeção do mitologema se efetua no céu; e é na Lua que o feminino vai encontrar o contexto psicológico de uma cosmogonia interno-externa, na qual o sincronismo da astrolatria e, em seguida, da astrologia adquirem uma função proeminente. De certa forma, Lilith sofre uma cisão; se, por um lado, permanece como espírito maligno *terrestre* evoluindo no símbolo da *bruxa*, por outro lado, se converte em uma divindade astral relacionada à Lua, criando, enfim, a imagem da Lua Negra.

Continuemos, pois, com a história de Lilith nas duas vertentes paralelas, mas tendo em mente o processo evolutivo. As populações mais remotas não tinham a mínima noção do mundo interior subjetivo e psicológico; para darmos um exemplo histórico, o homem da época da cidade de Ur tinha apenas uma ideia da realidade concreta bem diversa do mundo inferior, o reino dos espíritos. A vida subjetiva ainda era bastante inconsciente. O mito havia incorporado Lilith, dando-lhe uma forma cristalizada em imagens antropomorfizadas bem definidas (por antonomásia, pensa-se logo na "serva de Lilû", que só podia ser a prostituta). Os demônios eram considerados seres viventes, dotados de atributos humanos, além de representarem as concretizações dos eventos que ocorriam com esses seres viventes.

Hoje, sabemos que tais atribuições e as personificações eram apenas a fronteira da correspondência psicológica entre sujeito e objeto internalizado. Portanto, os mitos que se desenvolvem em torno de um fenômeno natural representam a percepção de uma verdade bem subjetiva, projetada no cenário externo, ou também compreendida como existente no próprio cenário. Os antigos não sabiam disso, tampouco conheciam os mecanismos de projeção psicológica; limitavam-se a viver o que ouviam e viam; porém, na correspondência ou na relação entre homem e demônio, homem e divindade e homem e evento, sempre ocorria uma transferência graças ao processo de simbolização previamente concretizado.

Assim, quando a concepção da Lua como deus masculino se altera para uma concepção em que a Lua se torna, enfim, o arquétipo e o "objeto" do princípio feminino e da Grande Mãe, verificamos também um grande desvio do mitologema relacionado a Lilith.

Se observarmos com atenção a evolução dos mitos lunares, veremos que ainda estamos na presença de uma androginia que se fende. Aos poucos, o lunar Sin, que vimos invocado nas esconjurações contra os demônios na liturgia babilônica, é suplantado por Ishtar, a grande deusa lunar, figura feminina, às vezes, descrita como Mãe ou Filha da Lua.

Corresponde também à Ísis egípcia. Surgiram, depois, Shamas e Rá, os deuses solares masculinos, completando a óbvia cisão. Quando a Lua se torna objeto da projeção coletiva da imaginação consciente feminina, Lilith sai da demonologia e adquire traços sacerdotais. A Lilith egípcia e a grega são projetadas na Lua.

4 Lilith nas Tradições Egípcia e Greco-Romana

A FORMAÇÃO DO MITO DA Lua Negra associado a Lilith tem raízes típicas e específicas no ciclo lunar, com suas fases. Lua crescente e lua cheia correspondem à Grande Mãe. Com a Lua a resplandecer no céu, via-se, por analogia, a plenitude da fertilidade e do influxo benéfico em toda a natureza, em particular, na psique feminina. Quando a Lua chega à fase final, desaparece, ou seja, se transforma na Lua Negra, a "ausente": o demônio da escuridão.

Os homens da Antiguidade Egípcia e os da Antiguidade Grega assumiram uma atitude racional diante desse evento astral sincrônico. Quando a Lua cresce, o homem projeta nela a imagem boa do herói lunar, do rei generoso e sábio. Por outro lado, quando ela desaparece, vive-se a dramática derrota do rei. O demônio feminino, o dragão das trevas, engole o homem e torna a terra estéril. A história básica tradicional, portanto, se origina com *a experiência da fase lunar.*

Com a projeção do tema interior na Lua, Lilith assume um caráter *numinoso* e religioso bem como manifesta o lado feroz da divindade feminina. Isso acontece (assim se supõe) com uma energia ainda mais poderosa, porque, segundo Jung, os deuses são princípios ou núcleos energéticos que operam de modo alheio à vontade e à defesa consciente, e, afinal de contas, os homens devem sempre se curvar diante do divino, para receber o *maná*, a emanação psíquica. *Lembremo-nos de que os adoradores dos deuses na era pré-cristã viam no divino a duplicidade na unidade, por meio da qual bem e mal se fundiam no mesmo deus.* Esse conceito é inconcebível para os cristãos, que veem na grande cisão Deus como o Bem e o Diabo como o Mal. Como era essa deusa lunar? Ela tinha uma natureza dupla que:

> Na fase sobrenatural, correspondente à Lua Cheia, é boa, complacente, benévola. Na outra fase, que corresponde ao período em que a Lua está escura, é cruel, destrutiva e maligna. Não significa que tais deusas sejam indiferenciadas ou inconfiáveis. Na verdade, desde o primeiro dia em que aparece no céu a face sutil da Lua, pode-se ter certeza de que crescerá em grandeza e esplendor, noite após noite, até o fim da Lua Cheia, quando diminuirá até seu brilho "ser engolido" pela Lua escura; portanto, a deusa apresenta aos homens, primeiro, seu aspecto benéfico e, depois, o aspecto irado.[54]

Sendo assim, por questão de clareza, estabeleceremos a ordem de comparação no cenário da mitologia lunar, isto é, da deusa da Lua.

A primeira é Ishtar, a célebre mãe de Tamuz, venerada na Babilônia em 3000 a.C. A segunda deusa lunar é Astarte (ou Ashtart), adorada pelos hebreus, fenícios e cananeus, além de constar da liturgia acadiana. O culto já era mencionado em 1478 a.c. Depois, surge a grande Ísis, do Egito, presente na cultura mediterrânea desde 1700 a.c. No último século antes de Cristo, aparece, enfim, Cibele, na Frígia. A deusa lunar celta, por sua vez, é Anu (ou Annis), cujo culto se estende pela Europa. Na posteridade, Cibele seria identificada com as deusas gregas Reia, Geia e Deméter e suas equivalentes romanas Telo, Ceres e Maia. Cada religião tem também representações secundárias, mas não nos cabe citar todas. Diante da deusa da Lua, o homem revive a história arcaica de Adão. Um lado dessa "fêmea sagrada" não é bom, não se manifesta, ou seja, recusa-se a ser visto, foge do céu e se esconde; pior ainda, se rebela. Ao contemplar o vasto céu árabe ou egípcio e vivenciar com os próprios olhos e o coração no culto, como reagia o homem durante a fase final da Lua Minguante, quando a Lua desaparecia no horizonte para retornar só depois de vários dias e noites sem luar? Espantava-se e provavelmente era tomado de pânico. Devia ser a mesma reação de Adão ao desaparecimento de Lilith: uma verdadeira crise de abandono, a angústia insuportável da separação. Assim como Lilith fugiu do Éden, deixando uma mensagem de rancor e ódio, também a deusa Lua "desaparece" no céu, torna-se a Lua Negra, vingativa e furiosa. Na terra, onde se sente confinado e dominado, o homem busca um alívio da angústia na tentativa de exorcizar a Lua ausente. Claro que aquilo que os olhos não veem não causa problemas; entretanto, também é verdade que o invisível age de modo sorrateiro. Na religião grega, encontramos o exemplo mais notável de mudança de aspectos da Lua. Antes, porém, de abordarmos a vasta mitologia das divindades gregas que simbolizam aspectos de Lilith, consideraremos mais uma vez a natureza dupla – clara/escura, branca/negra, luminosa/sombria – da deusa lunar nas representações mais primitivas do Egito e do Oriente Médio. Graças aos documentos, que consistem em preces e hinos aos quais temos acesso, sabemos que a deusa Lua era louvada por suas boas qualidades, mas também temida em sua ira. Algumas preces e invocações recitadas nos ritos noturnos tinham como objetivo a propiciação da deusa. O poder maléfico era o mais perturbador, mas mesmo a Lua branca tinha sua dose de arrogância. Se lermos uma prece do período helenístico, por exemplo, em que Ishtar fala de si, veremos que ela usa a primeira pessoa e se vangloria de suas prerrogativas num tom quase insensato, vigorosa como um homem, pois tem atributos masculinos bem mesclados aos femininos. Também se revela, nos versos do texto encontrado por Reisner, o aspecto primitivo da deusa que destaca, a partir daí, o lado escuro da Lua, núcleo do mitologema de Lilith. Vejamos os trechos mais significativos:

3 "Sou divina, a senhora do céu, e exerço meu poder;
  pequenos e grandes, arrebato de sua estabilidade.
  No céu à noite,
  Eu (como) luz que sou, sigo no alto

5 [...]
  No auge do conflito,
  sou o coração da luta, o braço do heroísmo.

15 Quando marcho na retaguarda,
  sou a destruição que se alastra, maligna.

21 [...]
Se entro em uma briga,

não sou mulher que aceite insultos.

25 Quando me sento à porta da taverna,

sou a cortesã que conhece o amor

(variante: sou uma ladra).

[...]

Sou uma pequena cilada,

sou a melhor pessoa, com um punhal afiado no seio.

Quando à noite estou no céu, sou a senhora que rompe

os confins celestes.

Meu aspecto no céu inspira submissão,

diante de meu fulgor divino se conturbam os peixes no

abismo".[55]

Ishtar era evocada por meio de preces calorosas de grande tensão emocional e com ações de súplica. Sem dúvida, essa deusa era generosa e benigna, embora também pudesse "virar o rosto" e, assim, ficar irada, punitiva, escondida. Vejamos um exemplo de súplica, da qual apresentamos a segunda parte. A composição tem a estrutura dos versos acadianos e se distingue de outras semelhantes por sua notável qualidade artística. O suplicante tenta aplacar a ira da deusa e implora o retorno de sua graça:

Eu te evoco, imóvel e esgotado, combalido, teu escravo:

olha para mim, senhora, escuta minha prece,

acolhe-me, bendita, ouve minha súplica.

Tem piedade de mim, que tua alma me cerque.

Tem piedade de, por meu corpo (todo um) gemido, abatido e confuso.

Tem piedade de meu coração enfermo, repleto de lágrimas e suspiros.

Tem piedade por meus presságios atormentados, desajeitados e confusos.

Tem piedade por minha casa que, de medo, geme em pranto.

Tem piedade por meu espírito, sempre em lágrimas e suspiros.

Ishtar, leão furioso, que teu coração se apazigue;

touro bravo, que tua alma se acalme.

Teus olhos benignos pousem sobre mim,

com tua face sorridente me contemple, bendita,

afasta os males de meu corpo, e que eu veja tua clara luz.

[...]

Agito-me como a onda formada pelo vento maligno;

meu coração voa e esvoaça como o pássaro no céu;

gemo como uma pomba, noite e dia.

Contorço-me em um pranto amargo.

Entre gemidos e dores se esfacela meu espírito.

Que mais fiz eu, meu deus e minha deusa?

Por que me tratas assim, como se eu não temesse meu deus e minha deusa?

O mal se abate sobre mim, dói-me a cabeça e me cercam destruição e ruína;

assola-me a confusão

e o deus esconde sua face de mim, e me cobre de sua ira.

Vi, senhora, dias sombrios, meses de tristeza e anos de aflição.

Vi, senhora, catástrofes, tumultos e violência.

Cercam-me a morte e o perigo.

Meu templo está em silêncio desolador,

e em silêncio desolador estão meu santuário,

minha casa, meu distrito e meu campo, tudo em silêncio mortal.

Meu deus voltou o rosto para outro local,

meus parentes se dispersam, e meu abrigo está em ruínas.

Espero em minha senhora, para ti se voltam meus ouvidos,

rogo-te que me libertes.

Apaga meu pecado, minha culpa, minhas transgressões e minha falta.

Esquece minha transgressão, ouve minha súplica, desata minhas amarras,

liberta-me, guia meus passos, para que, sorridente,

entre os vivos, eu possa caminhar.

Manda, pois, sob tua ordem, o deus irado se reconcilia.

A deusa, antes furiosa comigo, retorna.

Do meu braseiro, apagado na fumaça,

que a chama reacenda,

que o archote exaurido volte a brilhar;

que meus parentes voltem a se reunir,

que se multipliquem minhas ovelhas e se alarguem os pastos.

Acolhe minha prostração, escuta minha prece,

Olha-me, bendita,

ouve minha súplica.

Até quando, senhora, ficarás zangada e manterás o rosto virado?

Até quando durarão tua ira e tua indignação?

Torna a me olhar,

mostra-me de novo a palavra gloriosa.

Libera as correntezas do rio, que teu espírito se acalme.[56]

Como vimos, é a referência contínua à deusa que esconde a face furiosa. A Lua Negra era vista em seu aspecto simbólico como alguém com o rosto escondido. A deusa recusava-se a se manifestar. Uma prece do rei Assurbanipal I menciona a imagem da deusa lunar Ishtar com a cabeça virada:

Ishtar, cuja natureza é a cura,

a insônia de que sofro, trago a ti:

volta os ouvidos para minhas palavras combalidas,

e que teu espírito serene minha fala aflitiva.

Olha-me, senhora, pois, quando viras o rosto,

entristece o coração de teu servo.[57]

No culto babilônico, a Lua tem, portanto, atributos muito benignos. Não vemos ainda a demonização da deusa lunar negra. Ishtar se zanga em determinadas situações, enfurece-se, mas não se torna destrutiva. Nesses casos, a deusa é evocada em particular para interceder junto a outros deuses, estes, sim, irados. Os mesmos valores eram atribuídos à egípcia Ísis, extraordinária esposa de Osíris. Entretanto, em outra época, ela se equipara à *imago mater*. Mais que todas as outras divindades, Ísis corporificava a complexidade feminina. Os véus de Ísis simbolizam o fascínio que ela exercia mesmo quando oculta (semelhante à sua jornada aos reinos inferiores em busca de Osíris). Considerada o Logos, a *sofia*, Ísis tinha o dom de restituir a vida e o amor ao homem, mas também tinha seu "lado negro". Algumas estátuas representam Ísis como uma entidade negra.

Segundo Esther Harding, algumas Virgens Negras de certos santuários são evoluções da estátua de Ísis negra.[58] Será que podemos atribuir à Ísis, em trajes de luto por Osíris, características da Lua Negra? Plutarco faz uma associação entre a Lua minguante e a Ísis negra. Esse conceito foi reforçado na cultura grega nos primeiros séculos depois de Cristo. Devemos levar em conta que nos cultos egípcios predominava o teriomorfismo, porque ainda persistia a identificação com os arquétipos. Os predicados matriarcais da Lua simbolizados por Ísis tinham um paralelo com os atributos de instintividade mais indiferenciada; daí se pode entender por que as imagens não correspondiam às conceituações conscientes e eram investidas de possibilidades representativas humanas, pré-natais, arcaicas. Os seres "divinos" egípcios eram híbridos de humanos e animais. Segundo Jung, o modo como essas figuras se apresentavam dependia de atitudes da consciência. No lado animal das divindades, percebe-se de imediato uma atitude negativa de culpa, de fúria e de maleficência, enquanto no lado humano se apresentam características do aspecto positivo. Mais terrível era o primeiro lado quanto maior fosse a intenção de punir o suplicante.

No sincretismo helenístico, encontramos Equidna, uma personificação de Lilith, abordada mais adiante, procedente da mãe Ísis. Em *O Livro dos Mortos do Antigo Egito*, surgem aspectos da deusa lunar que correspondem à experiência da morte. Nas orações, vemos demônios femininos que, com toda a probabilidade, correspondem às figuras demoníacas dos sumérios, já tratadas aqui. O demônio é metade mulher e metade serpente, na parte superior. Destacamos um trecho:

Ó tu, que tens cabeça de Serpente, olha!
Sou a chama que brilhará nos milhões de anos à frente!
Este é o lema de meu estandarte:
"Ao meu encontro floresce o porvir,
pois sou a deusa com cabeça de Lince".[59]

Outra evocação citada na mesma obra faz referência a um demônio serpente-mulher, com o intuito de barrar seu caminho e impedir sua obra funesta:

Afasta-te, Rerek, demônio com cabeça de Serpente!
Olha, que Shu e Keb barram teu caminho.
Não te mexas! Fica onde estás!

O símbolo da Lua e da Meia-Lua Negra é presença constante nas representações e estátuas do culto egípcio. Além das numerosas representações da Lua Negra no quarto minguante, encontramos na arte decorativa egípcia a imagem de Ísis no símbolo escuro da Lua.

Há uma pintura muito interessante do deus Sin como senhor do céu, regente do mundo luminoso e do reino das trevas. Sin é representado de pé, em trajes luxuosos de realeza, segurando um "trevo" com a mão esquerda. A figura sagrada aparece dentro do círculo da Lua, onde se encontra, sob o rei, a grande

Meia-Lua Negra como uma barca. Sem dúvida, é dominada pelo princípio ativo, e a Lua, como se sabe, às vezes, é substituída pela imagem de Ísis. São também notáveis as moedas mesopotâmicas de Megara, nas quais a Lua Negra – Lilith, já relacionada com Hécate triforme – é representada por três meias-luas negras em órbita ao redor de um centro, quase um prenúncio da suástica. Em uma estatueta arcaica, Ísis é representada com a meia-lua negra na cabeça.

Em *O Livro dos Mortos do Antigo Egito*, encontramos hinos que são encantamentos e esconjurações para afastar os espíritos com cabeça de crocodilo, muito malévolos e destrutivos. Não podemos ignorar que tais criaturas teriomorfas talvez representassem o lado obscuro do feminino. Segundo Jung, o símbolo do crocodilo, monstro sombrio dos infernos, pode ser a transposição da donzela Koré para o aspecto de Hécate; ou seja, mais uma vez deparamos com Lilith.

Pelo Mediterrâneo e pela Palestina, diversas figuras divinas dos cultos religiosos hebraicos e egípcios chegaram à Grécia. E foi assim que se instituiu no mundo helênico a ideia básica da ligação entre a Lua e a mulher. De fato, é na psicologia dos gregos que veremos em sua expressão máxima todo o poder e o alcance do mito de Lilith, a Lua Negra. Desde as culturas primitivas, a Lua domina a vida religiosa, mas nem sempre foi vista como um objeto externo sobre-humano, dotado de poderes mágicos e atributos que lhe permitiam o domínio sobre o homem. Havia, no máximo, uma identificação entre os astros e o rei ou os grandes sacerdotes. Na Grécia, por outro lado, houve uma reviravolta mais ampla da consciência sobre o mundo psicológico humano, e os deuses passaram a ser considerados seres vivos nos quais se podia acreditar e que operam por meio de projeções e identificações. Segundo Karl Kerényi,[60] as divindades gregas podem ser vistas como *figuras eternas*, grandes realidades do mundo, e seu poder expressivo se deve à *verdade* nelas contida. Podemos afirmar, enfim, que tais divindades portavam arquétipos em um nível excepcional e que constituíam o inconsciente coletivo grego. *A verdade desses seres divinos é uma realidade que fala sempre à alma.* Nas palavras de Kerényi, as figuras divinas gregas "[...] podem ser comparadas com fórmulas que expressam de maneira evidente e precisa o equilíbrio de forças cósmicas imensas, sintetizam o mundo em todos os seus aspectos, como uma *situação-limite*, apresentando-se ao espírito de um modo que este sinta que o menor desvio do equilíbrio poderia provocar a destruição do Universo".

As divindades gregas são *ideias*, ou reproduções das ideias, e se apresentam ao espírito como aspectos do mundo e do cosmos. Elas subsomem com extrema violência os aspectos mais contrastantes. Esses contrastes se inserem em um *equilíbrio-limite* notável, que constitui a característica mais evidente da psicologia religiosa dos gregos. A divindade grega, contudo, não é estática e imutável no tempo, como em outros cultos. Há na estrutura do deus helênico uma realidade psíquica que *se desenrola* ao longo do tempo, modifica-se com uma intensidade semelhante às mudanças psicológicas e comportamentais dos seres humanos. O que Kerényi denomina equilíbrio oriundo da *situação-limite*, na deusa grega, cujo protótipo é Ártemis, condensa-se em torno de uma zona *liminar* na qual os opostos se unem como se fossem um buquê. *Opostos extremos* se complementam; podemos entender que são correlatos e se convergem na unidade, são os núcleos antagônicos de uma única ideia. Portanto, a figura divina grega encerra em si a ideia como experiência espiritual. A ideia paradoxal de Kerényi parece transbordar de verdade; é a ideia mitológica da qual podemos prever todos os possíveis desenvolvimentos. Daí o surgimento de deuses e deusas capazes de expressar, em um alto grau de diversidade, toda sorte de sentimentos; e positivo se funde com negativo. O horror do mal se mescla com a harmonia do bem, e assim por diante.

Essa introdução era necessária para compreendermos como se expressa nas divindades helênicas *o abismo do mundo individual*. Vemos que a Lua Negra não é mais um mero totem indicativo de uma relação primária em que a subjetividade ainda não é uma noção consciente. Na Grécia, ela se torna *criatural*. O *demônio* se imiscui na alma do homem grego e o força a reconhecer todo o horror ilimitado do desastre sofrido pelo casal bíblico, que lampeja na consciência grega como um angustiante trauma revivido. O que antes na mulher era considerado proibição, transgressão, imposição dogmática se converte, com o surgimento de Hécate, em conhecimento do mal inerente à alma humana. Por razões óbvias, não abordaremos com muita profundidade o argumento de Koré e toda a trama oriunda do mitologema lunar; mas caberá ao menos uma síntese para confrontarmos as iconografias divinas que personificam Lilith, a Lua Negra.

A lua grega pré-helênica inspira um terror supersticioso por causa da mudança periódica, que para a mentalidade arcaica era singular e inexplicável. A princípio, as três fases lunares

– crescente (primeiro quarto), cheia (total), minguante (último quarto) – refletem as três fases da vida na tríade referente à vida da mulher. A virgindade corresponde ao primeiro quarto; a Ninfa, à Lua cheia; e a velhice, ao quarto final. Depois, a deusa passou a ser identificada com a mudança de estação; daí o surgimento do conceito de mulher-lua. Seguiu-se, então, a ideia da Lua como Mãe-Terra, uma clara associação com a fertilidade e a produção vegetal sazonal. Por fim, surge a tríade hierática: a Virgem do ar, a Ninfa da terra e a Velha do submundo. São as respectivas personificações de Selene, Afrodite e Hécate, fundamentais para ilustrar o arquétipo de Koré. Para quem se interessar pelos atributos e as diversas transposições dos nomes, sugerimos a consulta de obras específicas sobre o tema.[61] Concentremo-nos, enfim, no enredo essencial. As três deusas eram, ao mesmo tempo, uma pessoa única e trina.

Em volta delas, a trindade básica se repetia em múltiplos até o 9, quando uma das deusas/fases se tornava "trina e uma", em uma única divindade. Foi dessa estrutura que se originou o calendário que conhecemos: de anos, meses e semanas.

A figura fundamental é Koré, protótipo da *deusa jovem*, centrada no arquétipo lunar. Trata-se de um mitologema matricial que transmite no nome a ideia mitológica primordial de onde derivam todas as posteriores germinações de deusas jovens, ninfas, virgens etc. Podemos inferir que, para os gregos, Koré é aquela que expressa pela primeira vez a Alma.

Em fases posteriores, ela se torna mãe e filha, embora o núcleo conserve juntos os componentes masculino e feminino: seria Atena Parthenos (a Atena virgem), a deusa derivada e imune às paixões, e Ártemis, a que expressa todas as paixões. No sentido absoluto, Koré seria, porém, Perséfone, filha de Deméter, a que para nós rege o mitologema fundamental de Lilith e da Lua Negra, pois se distingue das características de Atena e de Ártemis, que estão fora de qualquer atribuição feminina, a saber, o relacionamento com o homem e com a mãe, enquanto Perséfone, nas palavras de Kerényi, exprime "essas referências como duas formas de existência dentro do *limite extremo*, em um equilíbrio no qual uma delas (a jovem com a mãe) aparece como *vida* e a outra (junto ao homem) como *morte*".[62] Nas alegorias gregas, essa Koré é simbolizada pela Lua Branca e pela Lua Negra: o que consiste em *mudar, ser e se perder; em vir e ir*. Koré/Perséfone conhece o limite e sabe que ultrapassá-lo significa cair nas trevas de Hades.

Nos rituais, ela se afasta cada vez mais das características de Atena, de Ártemis e até de Deméter, e se identifica totalmente com Koré/Hécate, casada com o deus infernal Hades, rainha do Tártaro e guardiã do submundo.

O que se passa, então, nessa nova e complexa personificação de Lilith?

Notamos que Koré é a deusa jovem incólume, como um buquê de flores, ou seja, a Alma em sua totalidade, porém ainda não experimentada no sentido fenomenológico. Seu destino ainda é desconhecido, ela não tem consciência do que pode acontecer. Corresponde, portanto, ao *conceito*, à *noção* de Lua; uma Lua ainda não distinta e conhecida nas fases. Perséfone, por outro lado, é a quebra do equilíbrio, não mais a *virgem intocada*, a Lua, mas, sim, *o último quarto das fases lunares*. Koré-Perséfone, no jardim, se prepara para enfrentar seu destino. Na situação apresentada no mito, isto é, ocupada em colher flores e sem a menor noção de um deus que deseja raptá-la, Perséfone representa a última fase lunar, aquele fiapo reluzente ainda no céu com uma tensão extrema de significado e de equilíbrio; perto do horizonte, pode desaparecer, mas ainda está lá. Esse, porém, é o evento previsto. A permanência no limite acontece e, depois, não mais; o último raio do luar desaparece, e ela se torna, enfim, a *Lua ausente*, a *Lua Negra*, a noite imersa em trevas absolutas; a morte, o perigo e a queda. Ela se transforma em Lilith, quando esta ouve o "não" de Adão e decide fugir para longe. *Ausenta-se* do Éden. O limite extremo é superado; a tensão do equilíbrio é violada – Koré-Perséfone é enredada nos braços poderosos de Hades, que a afasta de casa e do convívio com a mãe. Ocorre, então, a descida aos infernos, onde Perséfone perde a memória e não mais se recorda das flores colhidas; mergulha nas mais profundas trevas, onde impera a morte. Vemos aí Lilith no Mar Vermelho, noiva do diabo. No lugar da *totalidade* perdida, entra a *dualidade* que separa – Koré--Deméter tende para a luz, e Perséfone, para a escuridão. Se utilizarmos a terminologia junguiana, diremos que é a personalidade extraordinária que deve ser medida com os componentes antagônicos e complementares. Perséfone, porém, ainda é a parte que a psique consciente não aceita nem reconhece como o resultado de uma rejeição que se perpetua no tempo e é experimentada como o "mal" ou a "morte", projetada no folclore. Mas como Perséfone é também a "Mãe-Terra", segundo Jung, tem caráter ctônico. No processo estrutural do mito, a terra é relacionada à lua em razão dos ciclos da natureza vegetal.

Parece paradoxal essa sequência de transformações de Koré, com relação à ideia básica! Da imagem arquetípica derivam os diversos aspectos para os quais há explicação. O próprio casamento de Perséfone e Hades prenuncia a morte: "morte" para uma vida e início de outra, a perda de um estado para o encontro de outro. Conhecemos, assim, os aspectos complexos do mito de Deméter associados à fecundidade, à loucura e à morte: seu luto, sua dor enlouquecedora por perder a filha e a carestia resultante da recusa da deusa em fazer o grão germinar. Tudo isso tem uma relação íntima com o ritual lunar. A Lua Negra simboliza morte e esterilidade.

Pareceu-nos interessante a insistência na figura de Perséfone porque, nas variantes do tema mitológico, ela tem uma estreita afinidade com Hécate. Na Grécia, Hécate talvez seja a figura mais representativa do mito de Lilith. Depois dela, a feiticeira medieval é a que herda todas as conotações.

Esqueçamo-nos, por ora, de Perséfone para tratarmos daquele nome que corresponde melhor à imagem que criamos de Lilith, ou seja, a de Hécate, *deusa dos infernos*.

O próprio nome Perséfone causa arrepios, pois deriva de "pherophonos", *a arauta da destruição*. Em Roma, ela se torna Proserpina, *a temível*. Entretanto, é Perséfone que concentra a carga imaginária mais destrutiva e aterrorizante. Kerényi define Hécate como a deusa grega mais intimamente ligada à Lua. Outros autores defendem a analogia de Hécate e Selene; e há um fragmento de *Fattura*, de Teócrito, em que ela é entoada nestas palavras:

"Ó, fulgurante rainha imortal, divina Selene,
Mené dos chifres de touro, andarilha errante do céu.
Ó, luminosa que ama os cavalos [...]."

Nesses versos órficos sincretistas, a deusa é chamada de Mené, e observamos as citações emblemáticas do cavalo, o próprio símbolo do demônio da noite, em alguns contextos; já vemos aí o símbolo de Hécate-Lilith.[63]

Grandiosa figura é essa deusa que surge na mitologia pré-olímpica. Logo de início, tem forte repercussão popular, e seu culto se alastra não como a religião oficial, mas na alma coletiva. Hécate não é vista de imediato como sombria e um símbolo do proibido. Pelo contrário, é louvada, tanto que Hesíodo a enaltece em sua *Teogonia*:

"[...] gerou Hécate a quem mais
Zeus Cronida honrou e concedeu esplêndidos dons,
ter parte na terra e no mar infecundo.
Ele também ao céu constelado partilhou a honra,
e é muito honrada entre os deuses imortais [...]."[64]

No *Hino a Deméter*, descobrimos que Hécate testemunha o rapto súbito da jovem virgem por Hades (Plutão), que ascende dos abismos terrestres em uma carruagem puxada por cavalos pretos. O culto a Hécate a define, a princípio, como uma figura *trimorfa* na Tessália e, depois, nas ilhas da Samotrácia bem como de Lemo, para, enfim, se difundir aos poucos pela Ática e ir até a ilha de Egina. Homero não fez a menor menção à deusa infernal;

e, nos primeiros cultos, ela com certeza era confundida com Ártemis. Hécate se torna "infernal" na época histórica, quando recebe o título de *Kyon melaina*, isto é, "cadela negra". A transmutação da deusa ainda permanece obscura, mas podemos dizer que será encontrada na relação entre mãe e filha, como já mencionamos. A descida aos infernos por parte da mãe em busca de Perséfone pode ser o momento "mitologêmico" em que Koré se transforma em entidade ctônica. Para Kerényi, não há dúvidas de que Hécate e Deméter eram a mesma deusa.

É interessante observar a representação de Hécate na arte e na literatura folclórica helênica. Acima de tudo, é uma figura *triforme*; portanto, uma analogia simbólica com as três fases da Lua expressas em uma: a Lua Negra. Com certeza, não poderíamos excluir o número 3 se remontássemos à interpretação cósmica de Hesíodo: Hécate senhora do céu, do mar e da terra, uma orientação tripartida bem definida, relacionada à harmonia cósmica. Entretanto, é um período em que Hécate se manifesta em um verdadeiro polimorfismo, ao passo que, na concepção perfeita, segundo Kerényi, os gregos abriam espaço para uma quarta dimensão, que seria a *esfera caótica* representada pelo *mundo dos infernos*.

Quando o Deus ou a Deusa "morrem", não são mais vistos nem sentidos; como divindades, tornam-se "mortos" na terra. A *não presença* é a morte, um outro mundo. É o momento em que a divindade mergulha no segredo do reino dos mortos (noites sem luz, carregadas de angústia; semelhante, na imaginação, ao sombrio reino tártaro) e lá se transmuda: Hécate-Koré se torna Hécate dos Infernos, e os dois aspectos se antagonizam.

A imaginação grega estabelece um modelo preciso dessa nova imagem de Lilith. O nome "Hécate" talvez remonte a *Hekation*, que significa "cem". Como se sabe, havia cem meses lunares em que o trigo crescia e era colhido em rituais dedicados a Hécate. Ainda não se viam as figuras típicas de íncubos dominadores e demônios conforme descritos aqui. Essa Hécate-Lua Negra tem, por outro lado, grande beleza, e poderíamos até imaginá-la como a Circe de Homero.

Baquílides, o poeta lírico de Ceos (520-450 a.c.), que é chamado de "rouxinol de Ceos da língua de mel", entoa um canto sobre a deusa em um epinício e a denomina "portadora da tocha, filha da noite do peito negro". E o maior dos poetas, Píndaro, descreve a imagem de Hécate com estas palavras:

> Jovem graciosa
> dos pés purpúreos.

Uma esplêndida cratera num cálice ático com figuras vermelhas, atribuído ao ano 440 a.c., exposto no Metropolitan Museum de Nova York, mostra uma encantadora Perséfone saindo do próprio Inferno, exausta, trêmula; e, protegida por Hermes, volta para Deméter, sua mãe. É precedida pela figura central de Hécate, representada com grande proeminência. A deusa é reproduzida com traços muito leves, com o corpo flexionado e dando um passo para a frente, embora os ombros e a cabeça pendam para trás: Hécate fixa o olhar intenso em Perséfone e, imperiosa, quase a arrasta para fora dos recantos infernais profundos. Traz nas mãos duas tochas, a chama inexaurível que lhe garante o epíteto de *Hekate Phosphoros*. Nessa imagem, se concentra uma grande energia e se observa sua função de guia dos infernos.

Hécate aparece esvoaçante e até mais agressiva na cena de "Apolo presente no casamento de Tétis", reproduzida de perfil na cena clássica com os cabelos presos; segura firme o archote de um lado e a espada de outro. É uma pintura em uma cratera ática, também com figuras vermelhas, exposta no Museu di Spina, em Ferrara. Outra representação de Hécate, talvez ainda mais impressionante, é exibida no Altar de Pérgamo, construído na Acrópole da cidade por Eumenes II, em 180 a.c. Hoje, diversos fragmentos dessa magnífica obra se encontram no Museu de Berlim.

Na cena da guerra dos gigantes contra os deuses, Hécate aparece como uma brava figura tríplice acompanhada pelos cães do Inferno. Ao mesmo tempo, ataca e defende com os três pares de braços. A obra inteira é muito viva e simboliza o choque da energia liberada. Há também no Museu de Berlim uma ânfora de mármore sustentada por Hécate, representada em sua passagem de Ártemis para a Hécate infernal. Nesta obra, também se vê o ícone das três figuras lunares dispostas em vértice, de costas. Ereta e imponente, a imagem exibe características quase guerreiras. Cada uma delas porta o archote, o cântaro e as chaves. Nota-se o detalhe do cão, agachado ao lado da figura com o cântaro, o que mais uma vez revela o conceito de lua-mulher-cão-mãe. Os traços são humanos e refletem Koré. Mas não foge do testemunho artístico a versão polimorfa folclórica de Hécate. Em um fragmento do drama *As Traquínias*, de Sófocles, perdido quase em sua totalidade, lemos que a deusa guarda as "encruzilhadas sagradas" das cidades gregas, recebe uma coroa de ramos de carvalho e tem serpentes no lugar do cabelo.

O hino órfico prenuncia a transformação do mitologema de Hécate-Lua Negra. Hécate já não é luz pura e total, mas adquire também traços trevosos. Realmente, o hino une os atributos de Hesíodo de "céu, terra e mar" aos de "encruzilhada, sepulcro e noite". Da imagem enigmática, porém, se apodera a alma popular, e daí acompanha suas passagens tumultuosas e diversas. Talvez isso explique por que vemos em Hécate a representação mítica de uma projeção um tanto vaga sobre o plano objetivo e religioso; ativa no inconsciente e na fantasia com todas as cargas emocionais e afetivas que ela desencadeava, evidência do dinamismo erótico banido, uma lembrança inesquecível que remete à experiência sumério-acadiana-egípcia. No Museu do Palazzo Conservatori, em Roma, há uma estatueta de Hécate composta de *três mulheres* grudadas pelo dorso e dispostas como os vértices de um triângulo. Cada uma delas veste uma túnica fina sem mangas, presa ao ombro, como se usava na Grécia Antiga, e todas portam uma coroa e carregam nas mãos açoites, cordas, archotes, espadas e serpentes. A imagem em si transmite uma força agressiva. De modo gradual, Hécate perde as características antropomórficas e se torna teriomorfa e híbrida. Os helênicos não tardaram a dar destaque à força destrutiva de Hécate, em detrimento da força criativa. E é aí que surge a identificação com a Lilith hebraica dos demônios. Ela é horrível; atrai para a própria imagem as mais violentas emoções, provoca os mais aterrorizantes sentimentos de pânico. Já é uma mulher com três cabeças: uma de cão raivoso, uma de vaca e uma de leão. Apolônio de Rodes a chama de *rainha das bruxas*, enquanto Ovídio (*Metamorfoses*, XIV, p. 405) a descreve com características terríveis. Seu nome se torna impronunciável, assim como o das Erínias, também chamadas de Eumênides, e do próprio Hades, cujo nome preferível era Plutão, por provocar menos temor. A figura descrita nestes termos faz reviver a hipótese de que o amor significava morte, pois tem uma ligação estreita com Eros e com o demoníaco. A tricéfala fica cada vez mais repugnante em razão de suas características assumidas. Sua estátua era escura, muitas vezes, preta, e, em geral, era colocada na encruzilhada de três caminhos (*trivium*), onde a cultuavam. Portanto, Hécate aparecia nas estradas e seu poder era maior, manifesto em sua plenitude depois do pôr do sol, quando o povoado mergulhava na escuridão e as estradas ficavam desertas.

Ao término de cada mês, talvez no fim do ciclo lunar, se faziam sacrifícios animais à deusa, e quase sempre se ofertavam a ela ovelhas negras. Algumas fontes, inclusive Jung, ao descrever a deusa ctônica, também mencionam sacrifícios de sangue e de crianças. Vemos aí a volta do mito arcaico, em que os infantes eram as vítimas favoritas de Lilith. Hécate era voraz, insaciável. A referência à sua oralidade sensualizada é evidente. Nas diferentes fases do culto, intensifica-se o caráter mágico e supersticioso da deusa infernal. Ela é cercada de mistério, angústia, cheiro de morte, terror, uma embriaguez patológica que beira um prazer histérico. Ofertavam-se diante das estátuas de Hécate alimentos sólidos à base de ovos, cebola e peixe, como rito propiciatório – eram colocados em bandejas ou cestos aos pés da deusa. Um detalhe curioso: essa comida, fácil de estragar em razão da exposição, era consumida durante a noite por cães ou por mendigos em estado de miséria, talvez na companhia de prostitutas e ladrões; em suma, os personagens marginais que constituíam o mundo das larvas humanas e eram fascinados ou protegidos pela Senhora da Noite. Era o famoso "Hekastes déipnon", o *pasto de Hécate*, costume do qual surgiu a expressão popular *Hekatei Katesthiein* – comer os alimentos oferecidos a Hécate. Esse rito, portanto, nasceu com um componente não cultural, e seu caráter noturno, ao que tudo indica, se origina na prática desses furtos sacrílegos! O objetivo das oferendas era aplacar Hécate, dissuadi-la de seus desígnios ímpios e afastar o mal associado às suas espetaculares aparições.

Trinta dias depois do falecimento de uma pessoa, costumava-se oferecer-lhe, com grande temor, os sacrifícios já mencionados: degolavam cordeiros negros e cães ainda jovens. Outras fontes citam oferendas de leite, mel, hortelã e alecrim. A maior parte dos ritos ocorria nos dias de Lua nova. Entretanto, apesar de todas as cerimônias obscuras nas encruzilhadas e da proliferação de estátuas de Hécate, o culto nunca ganhou um caráter oficial – permaneceu sempre no domínio privado.[65] Conforme a região, essa modalidade de culto, muitas vezes, beirava à superstição mais flagrante. A fantasia popular com frequência era influenciada nesse sentido, e os símbolos de Hécate continham, sem dúvida, uma série de sugestões e fantasias autopunitivas. No entanto, ela nem sempre era vista como a deusa dos infernos, sedenta de morte e dor; às vezes, a consideravam apenas uma bruxa, uma mulher ímpia e lasciva, capaz de enfeitiçar suas vítimas. Suas aparições eram repentinas, imprevisíveis, como se ela surgisse do escuro da noite para se manifestar na terra, mais precisamente nas encruzilhadas (*trivium* = três vias, daí a palavra "trivial"). Era precedida pelos cães do Estige, o detestável rio do Inferno, talvez o próprio Cérbero, horrendo monstro canino tricéfalo que obedecia a seus comandos e latia para incitar o terror dos súcubos e alertar os moribundos. Também se falava de uma matilha de cães, de uma tropa de fantasmas e espectros e, em particular, de hordas de demônios femininos que constituíam a corte diabólica de Hécate.

A presença de Hécate era sentida até nos lugares mais bem protegidos, mas suas vítimas mais vulneráveis eram sempre os incautos viajantes, que, nas encruzilhadas, eram atacados, ficavam confusos e desviavam do caminho certo. A fantasia cria metáforas de possíveis eventos, como orgias sexuais com prostitutas e outras pessoas imundas, ou apenas uma reação de pânico a uma escuridão assustadora, que pode provocar quedas perigosas ou até fugas. Em algumas representações, Hécate tem uma cabeça de cavalo, símbolo que, conforme explica Jung, alude à libido obcecada pela Mãe; além disso, o cavalo tem forte associação com as bruxas, o feminino malévolo. É conhecida a experiência aterrorizante do som de cascos que se aproximam rompendo o silêncio da noite. Decerto, acendiam-se tochas nas encruzilhadas para iluminá-las, mas isso só devia acentuar o pânico. Esther Harding descreve Hécate nestes termos:

> É a Deusa Triforme das Encruzilhadas que desorienta o viajante e, na qualidade de Rainha dos Fantasmas, vaga pela noite acompanhada de um horrível séquito de espíritos ao seu redor e cães latindo (até a Idade Média, bruxas eram "vistas" a voar no céu noturno, lideradas pela própria Hécate). Ela é a

deusa das tempestades, das devastações, dos terrores da noite. "Na verdade" – afirma Plutarco – "a Lua crescente tem boa intenção, mas a Lua minguante traz doença e morte".[66]

Lembremo-nos de que essa é a época em que Sófocles conta o mito de Édipo. O drama da relação entre masculino e feminino, enfim, é enfatizado na terrível tragédia do relacionamento edipiano. Na Grécia, a mãe é considerada uma influência negativa, pois constitui um obstáculo à integração da virilidade. Os gregos atribuíam todas as pulsões instintivas à imagem de Hécate: o inconsciente obscuro, vagamente percebido, era identificado com a dissolução e a morte. E o prazer era a própria morte, a desconhecida. Hécate, então, se converte em *maga*, *bruxa*, *demônio* da noite, *megera*, aquela que causa doenças e morte. Na Ática, o mitologema explode como máxima manifestação do conflito entre tendências edipianas incestuosas suprimidas e a inclinação para o afastamento da mãe. A psicologia moderna, porém, afirma que o suprimido volta à tona por meio de um reforço destrutivo e dos próprios sintomas do conflito ou do afastamento. Por isso, Hécate se afigura no folclore não apenas como um aspecto diabólico da mãe impositiva, mas também como uma tentação geniosa, a concupiscência irreprimível de Eros. Daí a relação tanatogênica e patogênica: o menino ou o homem que ouvisse ao longe o uivo dos cães para a Lua minguante, ou o tropel de cascos, o gemido do vento e das criaturas vagantes na escuridão pelas estradas desertas, acordava assustado, ainda com o olhar fixo nas imagens apavorantes de prazer e morte, tentando apagá-las, mas convicto de que estavam com ele, sobre seu tórax, opressivas, imponentes, a apertar-lhe o coração e os pulmões. A sensação de pânico não era fácil de controlar. Todos os homens tentavam propiciar a deusa. Mencionamos o rito mais comum, o da oferenda de comida; porém, havia outros. Jung nos recorda da *vara de tortura*, conhecida na Grécia como *hekàte* e na qual eram amarrados ou pendurados os que sofriam a condenação por parte da justiça. A associação do nome da deusa a tal instrumento nos remete ao conceito de "Mãe da Morte" e aos assassinos que eram executados em noites sem lua.[67] O local mais comum para a vara de tortura era a encruzilhada. Depois do século VI a.c., a personificação da deusa lunar negativa se ampliou e surgiram, então, as Empusas, as Erínias, a feroz Equidna e as Fúrias. As passagens e as interpolações mitologêmicas não constam em fontes históricas. Entretanto, são conhecidos os rituais específicos chamados de "Mistérios de Hécate", apesar dos poucos traços literários. Lembremo-nos de que Diocleciano instituiu o culto em Antioquia, onde eram celebrados os mistérios de Hécate em uma gruta subterrânea para a qual o acesso era uma descida de 65 degraus (o ciclo solar anual).

Em Roma, os mistérios de Hécate se difundiram por volta do século IV a.C. Nas cerimônias, costumava-se quebrar uma vara denominada *leukophyllos*, uma planta de folhas brancas que protegia as virgens, em homenagem à origem de Hécate: Koré. Essa mesma vara teria a propriedade de enlouquecer qualquer um que a tocasse.[68] Dizia-se, inclusive, que o demônio feminino (Hécate, Empusa ou outro) tinha também o terrível poder de desencadear a loucura. Essa é uma informação importante, pois mostra que a superstição se origina em outra: a de que a Lua provocava crises neurastênicas, ataques de epilepsia e delírios. Ademais, sempre se soube que algumas belas meretrizes, ou mulheres de prazer, eram capazes de tirar o juízo dos homens que as procuravam. Por outro lado, nas versões positivas, a deusa lunar podia provocar visões, alucinações e fantasias místicas, embora as visões noturnas penetrassem na psicopatologia do pesadelo e dos delírios causados por surtos de angústia.

O reino de Hécate é no Tártaro, acessível por meio de um bosque de choupos brancos que oscilam sob uma brisa um tanto forte. Era localizado na confluência dos rios malditos, dos quais bem nos lembramos: o Estige, o Aqueronte, o Averno e o Lete, também mencionados por Dante em sua referência aos rios infernais. Para além desses locais remotos, se encontram o Campo de Asfódelos e o palácio, reino que pertence a Hades e onde também vive Perséfone. Junta-se a eles Hécate, aquela que tem o poder de realizar qualquer desejo dos mortais. Fontes posteriores a confundem com Cérbero, uma vez que a deusa também tinha as funções de guia e guardiã. A morada de Hécate era cercada de choupos pretos e de ciprestes. Entretanto, ela subia até a terra com mais frequência que Hades e Perséfone: exatamente a cada 28 dias. Por isso, nessas aparições, a Lilith grega espalha o terror, pois é aquela que fere de longe, quando bem entende.

Se não era a sua presença que se manifestava raivosa, eram as Empusas ou as Fúrias a se esbaldarem à noite. Essas inúmeras filhas eram consideradas as servas de Hécate, ou "cadelas pretas". Talvez essa representação mitológica seja o mais terrível constructo da imaginação grega. Empusa, que significa "aquela que se impõe à força", é o demônio feminino obediente à Senhora

Negra da Noite. No sentido mitológico, assemelha-se em tudo à Lilith hebraica, exceto no aspecto físico.

A Empusa é uma figura feminina com a cabeça e o tórax humanos, mas tem braços animalescos e serpentes sibilantes no lugar dos cabelos. Sua característica mais repugnante são as nádegas de asno, cinzentas e grosseiras; tem uma perna de asno e outra de bronze pesado, um pé humano e uma garra de águia ou um casco de cavalo. Essa ênfase das características equinas deriva da simbologia do asno, emblema da obscuridade, das tendências satânicas, que, às vezes, indica luxúria e perversão sexual. É um símbolo de Saturno, em sua triplicidade de luxúria, avareza e morte. Segundo as fontes clássicas de Aristóteles a Filostrato, a Empusa calça uma sandália dourada, assim como Hécate usava sandálias de ouro, prerrogativa de Afrodite, destacando a origem olímpica de Koré. De acordo com certas versões de tempos imemoriais, a Empusa aparecia de repente nos quadrívios e trívios das residências, conduzida por uma carruagem puxada por cães sempre latindo, envolta em uma bexiga de sangue e matéria malcheirosa, com um sorriso sarcástico, sedutora e irresistível. Ela representa o surto de fantasias e desejos que em vão tentamos censurar. Sua irrupção noturna na consciência do adormecido ou do viajante é um frenesi impactante e lúgubre para seduzir os homens.

Embora no sincretismo simbólico seja confundida com a própria Hécate, a Empusa aparece na esfera imaginária como uma figura mais clara e implacável, pois tem uma vibração mais demoníaca e pode desencadear terrores mais arcaicos e incontroláveis. A aparição desse demônio sempre tinha alguma relação com questões sexuais, transgressões matrimoniais ou perversões secretas. A ação da Empusa se explica no nome: a que se impõe à força, ataca em lugares sombrios os rapazes e as moças, aterroriza os homens. Segundo Robert Graves,[69] a Empusa ataca sem prévio aviso, mas a vítima pode rechaçá-la se gritar direto para ela e seu séquito obsceno impropérios, esconjuros e blasfêmias mágicas cruéis. Assim, acuada, ela se afasta com gritos estridentes. No entanto, é comum o demônio passar por transformações deveras complicadas, conforme as tendências da superstição popular bem como as pressões psicológicas do costume local. Vemos, por exemplo, a Empusa assumir a forma de uma cadela, uma vaca ou uma moça sensual belíssima, dona de um poder capaz de seduzir a distância. Podemos imaginá-la como a mulher de *O Pecado*, a sinistra criatura nua e branca pintada por Franz Stuck (que está no Museu Monaco di Baviera), capaz de importunar com seu erotismo carnal, envolta em um manto preto de pítons. Ao se apresentarem como mulheres, as Empusas entram no quarto de homens adormecidos, pressionam-se contra seus corpos e sugam suas energias vitais. Deixam-nos exauridos com apertados abraços dos quais eles não conseguem fugir. Podemos observar aqui a qualidade lunar da Empusa, pois é só graças a essa qualidade que ela adquire aspectos de beleza humana e de mulher sedutora.

Não ignoro o fato de Hécate ser uma deusa que participa de todas as decisões do Olimpo, além de ter poderes no céu e na terra e ser muito bem vista por Jove (Júpiter).

Agora que conhecemos outra figura demoníaca, consideremos, então, as outras "irmãs" ou "servas" de Hécate, também provenientes das transformações médio-mediterrâneas de Lilith. Referimo-nos às Lâmias, às Fúrias e à Equidna. Com elas, completa-se o cenário excepcional de manifestações da deusa sombria.

Lâmia é a belíssima filha de Belo; no mito, é considerada a deusa regente da Líbia. Segundo a lenda, Zeus, com o intuito de confirmar seus méritos, lhe deu o poder singular de tirar os olhos das órbitas e colocá-los de volta a seu bel-prazer. As histórias nos são contadas por Diodoro Sículo, Plutarco e Estrabão. Lâmia gerou alguns filhos de Zeus, entre os quais Cila, um ser terrível e destruidor. A grande Hera, porém, encolerizou-se de ciúme dessa preferida e, com o intuito de se vingar, estrangulou todos os filhos dela, exceto Cila. Segundo o mito, a reação de Lâmia foi inesperada e violenta: empenhou-se em matar os filhos das outras e, nesse rompante, acabou perdendo a própria beleza, até seu rosto se transmutar em uma *máscara monstruosa*. Desde então, movida pela perfídia e pela impiedade, ela vaga em busca de crianças, leva-as embora, esconde-as e, por fim, as mata, insaciável. Assim, ajuda Hécate com prontidão, por isso pode ser considerada o demônio feminino mais perigoso.

Segundo Graves,[70] Lâmia deve corresponder à deusa líbia Neith, regente do amor e da guerra, identificada por Platão como Atena. Na Grécia, ela adquire um aspecto belicoso, mas seu culto havia se degenerado a tal ponto que dela só restava uma figura com aspecto de espantalho que as mulheres e as amas usavam para ameaçar de castigo as crianças malcomportadas. O nome Lâmia talvez derive de Lamyros, Laimos, ou seja, "garganta". O sentido correto só pode ser o de cobiçosa, ávida, lasciva ou depravada. Jung acrescenta a possível interpretação de *caverna, abismo, rodamoinho*, termos que remontam à figura de Lâmia como mãe devoradora ou o peixe monstruoso citado por Frobenius. Como Lâmia é imaginada? Com um aspecto horrendo, terrível e, às vezes, muito repugnante. De modo geral, as fontes concordam quanto a uma característica: ela usava uma máscara da Górgona. Como se sabe, essa deusa assustava os navegantes (Homero a cita na *Odisseia*, XI, 633-635).

Os olhos da máscara são chamejantes, fixos, com uma expressão agressiva que gera pânico. Tem uma língua intumescida e deformada, maior que os próprios dentes compridos. O objetivo da máscara era afastar qualquer um de determinado local, enquanto as Lâmias a usavam nos rituais dos mistérios em que crianças eram sacrificadas. Vale mencionarmos a ideia de Aristófanes de que a Lâmia tinha características hermafroditas por possuir um *falo*. Segundo Karl Kerényi, é correto falar da Lâmia no plural, daí Lâmias, uma vez que ela tinha o dom de se transformar em mais de uma figura ao mesmo tempo. Podia, por exemplo, assumir a aparência de Hécate, ou se transmutar em uma mula, uma novilha ou, com mais frequência, em uma cadela ou até uma mulher belíssima.[71]

As Lâmias também se manifestavam nas encruzilhadas e, à noite, se juntavam às Empusas nas mesmas incursões nefastas. Sua preferência era deitar-se com os jovens e lhes dar abraços devoradores, ou então sugar-lhes o sangue. O elemento de *vampirismo* das Lâmias pode ser considerado a ativação na psique grega de fantasias canibais ou noções de uma relação sadomasoquista (íncubos/súcubos). H. Freimark, citado por Jones, assim as descreve: "As Lâmias gregas e romanas são ao mesmo tempo demônios lascivos e vampiros. Tentam induzir jovens fortes e bonitos a se apaixonarem por elas e desposarem-nas. Depois, elas os matam sugando-lhes o sangue".[72] A lenda das Lâmias se funde com a da Empusa, tendo em comum o vampirismo, que provoca a morte da vítima.[73] Por certo, devemos considerar esse elemento folclórico um dado simbólico: na relação psíquica entre o sujeito e a Lâmia, ocorria uma perturbação sexual também no sentido autoerótico. Existe a crença tradicional de que a masturbação ou o excesso sexual faz adoecer o corpo, "dissipa a carne" etc. A mesma "*concupiscência*" era experimentada como uma perda de vitalidade. A temática das Lâmias é semelhante à de Lilith: a liberdade e a paridade no relacionamento amoroso com o homem. O que foi negado à Lilith hebraica é readquirido e imposto, quase por uma lei de contrapeso, pelas Lâmias. Nos abraços sexuais, as Lâmias subjugam o homem, que fica embaixo enquanto o demônio o cavalga. Alguns baixos-relevos áticos reproduzem Lâmias montadas em viajantes adormecidos. Essa posição tinha duplo sentido: um era o coito em si, em que a Lâmia se agachava com a vagina sobre o membro masculino ereto; e o outro, ela o espremia com os joelhos em seu tórax, oprimindo-o no sono com excitações oníricas e polução, com a violência da *Mormolyceia*.

Com Apuleio, aprendemos que, segundo os hábitos daquelas regiões, a mulher podia ser considerada uma meretriz; portanto, com desprezo ao significado natural do amor, assumia no coito a posição "por cima", tradicionalmente recusada a Lilith.

Na escultura helenística, encontramos algumas representações de Lâmias; e na Lícia, antiga Ásia Menor, entre a população não grega, de cultura jônica, nos séculos IV-V a.C., foi construído em Xantos o famoso monumento às Harpias. Nessa obra tão admirada, cujos fragmentos se encontram hoje no Museu Britânico, os relevos mostram cenas nas quais os mortos são heróis. Eles se estendem para o alto como adornos em volta da câmara funerária da pilastra e reproduzem homens e mulheres sentados, ancestrais cultuados como heróis, que recebem oferendas dos vivos. Ao lado deles são vistos demônios, as Lâmias, com suas horríveis asas de pássaro abertas, levando nos braços um menino, vítima da voracidade delas. A figura demoníaca desperta angústia: asas estendidas, cabelos presos por uma caveira, corpo robusto, com uma aparência geral que lembra um gafanhoto enorme. A cena sugere um evento sorrateiro e vil.[74]

Da imaginação grega surge outra representação de um demônio feminino: Equidna, que nasceu na terra e é irmã das Górgonas. O nome pode ter o sentido de "víbora". Na mitologia, é considerada a esposa de Tifão, o arqui-inimigo de Zeus. Do matrimônio, Equidna gerou filhos horrendos: Cérbero, o cão de três cabeças do inferno; Hidra de Lerna, a serpente marinha com cem cabeças; e Ortro, outro cão do inferno. Outras fontes fazem confusão ao apresentar este último: Ortro teria tido uma relação sexual com a mãe de Equidna e gerado a Quimera e a Esfinge. Hesíodo descreve Equidna nestes termos:

> Nasce no fundo de uma caverna outro monstro indomável, que não é homem nem tem a forma de nenhum mortal: a divina e feroz Equidna. Parte dela se assemelha a uma jovem virgem e formosa, e a outra metade é uma serpente horrível e imensa. Sedenta de sangue, ela se arrasta pelos

abismos remotos da terra, e é vasta sua caverna no interior de um penhasco, onde os imortais lhe concederam um magnífico palácio como morada, longe dos homens e dos deuses.[75]

Também a descrevem Homero (na *Ilíada* II, 783) e Apolodoro. Todos a associam a Hécate; e com certeza Equidna é o demônio mais comum nos pesadelos. Pior que o vampiro, ela manifesta o lado canibalesco e

> [...] o desejo terreno e carnal arrebatado em vaidade contra os valores do espírito [...], a exaltação sentimental que combate o espírito; o nervosismo [...].[76]

Para Jung, a Equidna tem um valor fundamental como mãe da Esfinge, que simboliza todo o problema da libido voltada para a mãe e o incesto. Encontramos em Equidna, ainda que de um modo mais difuso, o modelo da *prostituição apocalíptica da corporeidade*. Será sempre, portanto, o protótipo mais acentuado da bruxa medieval, associada ao *dragão*.[77]

De fato, o *dragão* adquire na Idade Média um valor ctônico, infernal, como expressão de Satanás e das bruxas, mas também se torna o símbolo da mãe malévola, semelhante ao ogro dos contos de fadas. Na imagem arcaica, há uma mulher sentada em um dragão: Jung vê, nessa imagem, Equidna, lembrando-se de um exemplar dos Evangelhos do século XIV, atualmente em Bruges, em que a mulher, em miniatura, aparece bela como a mãe de Deus e com a parte inferior do corpo em forma de dragão.

Cabe-nos mencionar aqui também as Erínias, mais conhecidas como Fúrias, e, assim, completar o cenário da representação do *feminino sombrio arquetípico*. Há três Erínias: Alecto, Tisífone e Megera. Assim como as outras figuras, porém, compõem-se em uma deusa única. Nascem da Mãe Terra na circunstância extrema da emasculação de Urano, o grande Céu, que devorava os próprios filhos para não perder o trono. Sua esposa, a deusa Terra, convenceu o filho a golpear o pai e, para isso, armou-o com uma foice. Assim Hesíodo narra esse evento, em sua *Teogonia*:

"Mãe, ofereço-me para esta obra, pois não me importa nosso pai desprezível, que antes tramou perfídias", assim falou e exortou do íntimo a poderosa Terra. Ela o ocultou e colocou-lhe nas mãos a foice afiada, quando, então, expôs o plano. Chegou o Grande Céu, trazendo a noite, e, sedento de amor, pairou sobre a Terra inteira; eis que seu filho saiu do esconderijo e estendeu a mão esquerda enquanto, com a direita, segurava com firmeza a foice grande e afiada. Em um instante, ceifou os genitais do pai, arremessou-os para longe, para trás de si. Sob a mão do filho, contudo, ele não caiu em vão, pois as gotas do sangue derramado, a Terra recolheu e, com o passar dos anos, gerou as poderosas Erínias [...].[78]

Nascidas do primeiro patricídio por defesa, no eterno drama competitivo que prenuncia Édipo, as Erínias logo se revelam como as Fúrias. Suas características diferem dos aspectos fundamentais dos outros demônios femininos, pois tinham como tarefa específica punir os perjuros e aqueles que ofendessem a Deusa Mãe com atos ou promessas falsas. Aliás, Hesíodo esclarece esses atributos em um trecho de *Os Trabalhos e os Dias*, no qual indica os comportamentos apropriados para evitar tal circunstância:

Deves evitar cada quinto dia, pois é um dia triste e nefasto; dizem que nele as Erínias testemunharam o nascimento de Juramento, gerado pela Contenda para punir os perjuros.[79]

Assim como as outras figuras femininas, as Erínias tinham suas equivalentes na cultura ateniense. Os adjetivos que as descreviam eram: *sombrias, obscuras, assassinas*. Elas habitavam o Érebo, mais antigo que o próprio Zeus. Incansáveis, castigavam os transgressores de costumes da família e atacavam os que pecavam por ambiguidade e duplicidade. A punição imposta por elas era pesada e infalível: de região em região, seguiam acrimoniosas e furiosas. Eram velhas horrendas; em geral, tinham cabeça de cão e o corpo preto, como se fosse coberto de fuligem, e asas grandes de morcego; tinham os olhos vermelhos-sangue, vidrados e inquiridores. Os gestos das Erínias são impacientes e incisivos. Nas mãos, carregam os temíveis açoites com pontas afiadas de bronze. Quando golpeadas, as vítimas perecem em tormentos atrozes. Inspiravam tamanho terror que seus nomes nem eram mencionados, ou as chamavam de Eumênides. Na peça *Eumênides*, Ésquilo apresenta, no primeiro ato, Apolo saindo do templo; com o arco em punho, ele ameaça as Fúrias à sua frente, mandando-as sair daquele local. O deus as revela em todo o seu cru realismo:

> Abandonai agora mesmo a minha casa! Ordeno-vos! Deixai em paz o santuário onde proclamo profecias verdadeiras; se não obedecerdes, sereis atingidas pelas serpentes sibilantes de asas brancas que, saltando da corda de meu arco áureo, vos forçarão a vomitar entre estertores a negra espuma que deveis a tantos homens e a expelir o sangue que sugastes deles! Esta casa, de fato, não é adequada à vossa companhia. Não! Vosso lugar é lá onde há sentenças de degolamento e olhos a ser arrancados, ou então onde gargantas são abertas, ou ainda onde, para extinguir toda a virilidade, meninos são castrados, onde se mutila. Ouvistes, monstros odiados pelos deuses, a relação de vossas festas preferidas? E vosso aspecto é condizente com tal gosto! Deveríeis viver em antros de leões sorvedores de sangue, em vez de macular os muitos visitantes do templo profético! Ide pastar sem um pastor longe daqui, pois deus nenhum desejaria tal rebanho.[80]

No teatro grego, há outras expressões dessa imagem terrificante. Se, na peça de Ésquilo, Apolo deixa claro qual é o lugar em que deveriam ficar as Erínias, em outra tragédia, *Orestes*, de Eurípedes, se especificam as alucinações muito inquietantes e o medo do homem, que, em delírio psíquico e com o sono intranquilo, se vê cercado pela assombração de fantasmas e íncubos que o oprimem. Doente, Orestes sofre esses tormentos. Quem o ajuda e tenta acalmá-lo é Electra, mas o breve momento de lucidez do herói é logo sufocado pela angústia; as Erínias, então, se aproximam dele, e ele se agita para se defender:

Electra: Lamentavelmente, irmão, tens o olhar perturbado. Raciocinas, mas, se antes eras sábio, enlouqueceste!

Orestes: Ó, mãe, te suplico que não invoques sobre mim as virgens de serpentes na cabeça e olhos de sangue! Estão aqui! Estão aqui! Eis que se jogam sobre mim!

Electra: Ó, meu querido, não te mexas. Fica em teu leito. Acalma-te! Não vês o que pensas ver e que te parece real. É só uma ilusão.

Orestes: Febo, querem matar-me as terríveis deusas do submundo, as sacerdotisas do inferno, com olhos de Górgona e a forma de cadela.

Electra: Não deixarei que o façam. Apegar-me-ei a ti, segurar-te-ei em meus braços e impedirei que em tuas convulsões te machuques.

Orestes: Não. Deixa-me! És uma das Erínias, e só me queres vivo para atirar-me ao Tártaro.[81]

Os demônios femininos são, portanto, ilusões. O homem pensa ver o que não existe de fato, mas sofre por conta de sua imaginação. Na mitologia helênica, proliferam mulheres punitivas. As Erínias quase sempre eram confundidas com as Harpias, filhas de Atamante, pois estas também eram criaturas pavorosas, aladas, e tinham garras; voavam como os pássaros e emitiam guinchos estridentes. Agarravam as vítimas para levá-las às Erínias. Havia uma prática cultural de se tentar aplacar as insaciáveis

Erínias; mas era muito difícil fugir delas e, mais ainda, rechaçar sua violência. Segundo as tradições, essas Fúrias só aceitavam oferendas de narcisos, e o perfume inebriante dessas flores as deixava inofensivas. Há uma analogia entre a flor do narciso e o Narciso, o herói mítico infeliz que se apaixona por si próprio, atraído até seu reflexo por Eco. Devemos nos lembrar, enfim, de que Deméter e Perséfone usavam guirlandas entrelaçadas de narcisos, que também eram chamados de *leirion* ou centáurea e consagrados à deusa trina lunar, além de ser oferecidos em guirlandas às Erínias. É interessante nos lembrar da ameaça das Erínias, de fazer jorrar sobre a Ática o sangue de seus corações, pois elas se recusavam a absolver o matricídio cometido por Orestes. Graves supõe que esse mito traz um eufemismo do sangue menstrual.

Era um mito arcaico de feitiçaria, em que, ao se pretender amaldiçoar uma casa ou um campo, bruxas menstruadas deveriam correr nuas em volta da área visada pelo sortilégio, na direção oposta do Sol, nove vezes. Era uma maldição considerada muito perigosa para crianças, animais e a colheita se o rito fosse conduzido durante um eclipse lunar, ou na ausência da Lua. Seria catastrófico se executado de fato por uma bruxa virgem menstruada.

Voltemos, porém, ao narciso e lembremo-nos de que essa é a flor colhida por Perséfone. Ela floresce no fim do outono e tem perfume. Segundo uma velha lenda, dele se pode extrair um óleo medicinal e *narcótico*. Atormentado pelo remorso, Orestes se deita entre guirlandas de narcisos, ou centáureas, próximo a uma fonte em que pretendia se purificar depois de ter matado a própria mãe. Essas são informações úteis, pois nos permitem formar uma hipótese sobre a analogia entre o sono induzido pela planta narcótica, tido como uma queda, um esquecimento, princípio de culpa ou cegueira, e a fúria demoníaca feminina, aplacada pela oferenda de flores. Sono nos remete à noite, à escuridão. Lembremo-nos, enfim, de que os demônios foram criados depois do pôr do sol, quando caía a noite, ou seja, enquanto o homem dormia. Outros componentes confirmam a estrutura patológica: o "sangue" da mulher, a bruxa, o perfume narcótico, o sono. Toda a simbologia necessária para a formação do inconsciente do íncubo.

O fato de a deusa trina lunar ser relacionada a diversas outras imagens cujo significado é exatamente o oposto aponta para o sentido interno do mitologema: uma ideia única e fundamental, isto é, a Lua da fase "cheia" à "negra"; a mulher da postura benévola à vingativa, castradora e ameaçadora. Talvez as próprias Erínias-Harpias representassem a "intimação materna" moralista, o aspecto da governante severa ou o olho da consciência que tolhe a liberdade. As três Fúrias mantêm a *ordem* no mundo e punem qualquer prevaricação. Com essas imagens, por fim, completa-se o cenário mitológico da Lilith grega. Vimos essencialmente surgir o arquétipo e sua fragmentação. À medida que se desenvolvem a cisão e a rejeição, o arquétipo ressurge com aspectos múltiplos e se reúne na Grande Mãe, que não pode ser vivida em sua totalidade. Não há um abismo entre a Lua cheia e Lua Negra: Lilith permanece no exílio, mas para a alma grega o poder do instinto reprimido se manifesta com perfeita clareza na cisão e consegue subjugar o Eu. A consciência desorientada diante do arquétipo sempre representado de uma forma nova – ora energia ctônica, ora um demônio, ora um anjo do amor, ora um justiceiro implacável – cai no jogo de ambivalências, solicitações, atuações e recusas.

Por isso, os polos se afastam e se distanciam cada vez mais, perdendo-se na memória da unidade andrógina original.

O pensamento teológico e a visão global, filosófica e moral, além de antropológica, do Ocidente acentuam um trágico abismo. A civilização europeia surgiu da mistura de componentes bíblico-judaicos e da especulação grega baseada em fundamentos jurídicos romanos. Essa síntese, contudo, manteve a fusão do arquétipo da Unidade. É constrangedor, sem dúvida, percebermos que o homem ocidental não tem olhos para ver nem ouvidos para ouvir. O único efeito da mediação entre a *Bíblia* e a Grécia foi o de acentuar o equívoco e a grave perda da alma como um todo. Em certo sentido, Fílon de Alexandria é testemunha desse grandioso momento cultural. Viveu no século I da Era Cristã e enxergou uma ligação entre a fé judaica e o pensamento helênico, mas também reforçava o conceito patriarcal e o dever de transcender o "terreno" e o "humano" imanente para alcançar o conceito agostiniano *in te ipsum redi*[*] como condição para se identificar com Deus. Mais uma vez, vemos o Pai.

Em vez de tecermos comentários ou interpretações, confiamos ao leitor esta passagem de Fílon de Alexandria, extraída de sua obra, *Da criação do mundo*. Talvez nos escritos desse pensador hebreu alexandrino não seja difícil captar o "fantasma", o "delito" bíblico, a mensagem trágica da *primeira rejeição*, aquele "outro" absoluto ainda vivenciado como uma perda:

---

[*] *"noli foras ire, in te ipsum redi, in interiore hominis habitat veritas"*. (1). Tradução de Manuel Antônio de Castro: " ...não procures fora de ti, entra dentro de ti, no interior do homem habita a verdade." (N. do R.)

Como, enfim, nada é estável entre as coisas sujeitas ao devir, e tudo o que é mortal necessariamente sofre modificações e mutações, também o primeiro homem precisava se sujeitar a algo maléfico. E a mulher foi, portanto, o começo de sua vida manchada de culpa. De fato, enquanto estava só, nessa unicidade, ele se assemelhava ao mundo e a Deus, e trazia impressos na alma o caráter de uma e de outra realidade, embora não todos, mas apenas aqueles que uma constituição mortal suportava. Quando também a mulher foi plasmada, o homem se deslumbrou ao ver uma imagem irmã, uma criatura congênere, extasiou-se ante a visão e correu ao seu encontro com abraços afetuosos.

A mulher, por sua vez, não vendo outro ser mais semelhante a ela que aquele homem, alegrou-se e, ainda tímida, dirigiu-lhe a palavra. E o amor, quase unindo duas partes separadas de um único ser, aproximou-os depois de ter agraciado ambos com o desejo de estar juntos, com o objetivo de gerar um terceiro ser que a eles se assemelhasse.

Esse desejo, porém, também trouxe o prazer do corpo, fonte de todas as injustiças e de tudo o que não é lícito, pois por esse prazer trocavam os homens a vida mortal e infeliz por uma vida imortal e feliz.[82]

Nessa mensagem se oculta o drama de Lilith. Os "prazeres do corpo" negados dão testemunho de uma transgressão arcaica à natureza do homem, a primeira violência contra a mulher. Lilith, "alegre" no encontro com o homem, repleta de timidez e amor, porém confiante ao olhá-lo nos olhos, recebe como resposta uma severa projeção defensiva, um desprezo angustiante, uma repulsa que provoca raiva e cegueira com relação àquela cuja única "culpa" é tornar conhecido o amor, ser apresentada ao homem como sua igual e semelhante, tão divina como ele. O homem, portanto, não reconheceu a própria felicidade de ter corpo e sexo, espírito e alma fundidos em uma única entidade. Lilith, corpo e alma, foi julgada a "fonte de toda a injustiça" e mensageira do ilícito. A tragédia está nessa falsificação do psíquico real. A vida imortal com Deus Pai cobrava um preço: a alocação do mal sobre Lilith, a transferência da dor e da grande dúvida para o feminino. O sorriso desapareceu dos lábios de Lilith, e o que fora o amor deleitoso se converteu para sempre em raiva e ódio por Adão, o "patrono".

Consideramos até aqui cada divindade feminina erigida uma imagem infernal, oriunda da transmutação ou da identificação com a Deusa Lunar arcaica. Os demônios femininos tinham personificações singulares distintas, mas todos eram uma expressão de energia vital reprimida, o feminino identificado com o diabo ou a morte. O prazer sensorial visto como ameaça derivada da animalidade terrena ou das potestades do inferno. Em certo sentido, Lilith, expulsa da entrada do paraíso, volta pela janela à noite, ronda as encruzilhadas e planeja vingança ou morte. Podemos perguntar: Obrigada a "viver por sua conta", a levar uma vida em oposição ao macho e à lei de Deus, como Lilith teria reagido depois do primeiro desafio aos celestiais? E em relação ao homem depois de seu ato de "desobediência" à autoridade masculina? Talvez tenha se empenhado em uma competição flagrante contra o macho ou uma elaboração interior do tema do relacionamento.

Podemos encontrar um exemplo no mito das Amazonas. De certa forma, tal mito representa a experiência arcaica do que chamamos hoje, de uma maneira um tanto inapropriada, de *feminismo*.

As Amazonas já foram mencionadas como sacerdotisas da Lua. A palavra "amazona" significa, em princípio, "sem seio", mas não podemos excluir o sentido de "mulher-lua", relevante ao nosso estudo.

A figura do mito é Ártemis, pois as Amazonas exprimem traços belicosos. As fontes dessas informações são conhecidas, mas ninguém até hoje foi capaz de documentar com certeza a existência ou a lenda dessa tribo grega que perpetuou uma experiência matriarcal, julgada bárbara pelos próprios helênicos.

Consideradas também filhas de Danao, as Amazonas são criaturas de Ares e Ártemis (que correspondem ao casal romano Marte, deus das guerras, e Diana, a caçadora). Podem ter surgido da imaginação ou da região próxima ao Mar Negro. As tradições as apontam ao longo do Termodonte e nas redondezas de Trebizonda. A total falta de traços arqueológicos ou esculturais reforça a dúvida quanto à existência histórica dessa tribo de mulheres.

Onde as Amazonas viviam não era admitida a presença de homens. Suas regras de vida constituíam uma autonomia própria, identificada com comportamentos viris. Eram mulheres muito belas, corajosas e fortes. Segundo a fantasia popular, elas decepariam um dos seios para ter mais liberdade com o uso do arco, mas não existem documentos que atestem esse detalhe. Parece-nos mais uma fantasia de rejeição das características sexuais oprimidas.

Essas guerreiras cresciam aprendendo o manejo das armas, sobretudo a lança e o arco, e não manifestavam sentimentos afetuosos. Com o intuito de preservar a raça, a tribo se juntava uma vez por ano aos gargáreos. Depois, todas voltavam para casa, e, quando os bebês nasciam, ficavam com as meninas e matavam os meninos, ou eles eram enviados à tribo dos gargáreos. Nessa prática cruel, observamos com clareza uma analogia com as tendências de Lilith, das Lâmias ou das Empusas, além de outros demônios femininos, de raptar ou eliminar crianças. As meninas logo aprendiam a usar armas. Em um comentário de Sérvio a Virgílio (*Eneida*, XI, 659) e também em Plutarco,[83] lemos que as Amazonas habitavam o rio Amazonas, que depois foi chamado de Tanai, nome do filho da guerreira Lissipa. Esta ofendera Afrodite por recusar o casamento e o amor apaixonante e escolher, no lugar deles, as armas e a guerra. Afrodite se vingou fazendo Tanai se apaixonar pela mãe. Como não queria ser julgado pela relação incestuosa, Tanai se afogou no rio. Atormentada pela sombra do filho, Lissipa procurou-o em vão até o estuário do rio, no Mar Negro, e lá construiu um templo. Segundo fontes citadas por Graves,[84] Lissipa determinara que os homens fossem obrigados a cuidar das lides domésticas, enquanto as mulheres combatiam. Conta-se que os meninos tinham as pernas e os braços quebrados para se tornarem inválidos em combate.

Os citas consideravam essas mulheres guerreiras "anormais" (Eorpata), pois elas não tinham o menor senso de justiça ou pudor. Na verdade, essa questão do pudor se repete sempre que o tema é Lilith, ou quando se falam dos demônios femininos e, por sua vez, das bruxas, até se chegar às psicopatologias da neurose histérica. O pudor, de acordo com a visão da cultura moral patriarcal, é violado como rito de liberação e protesto, mas também como reforço da desinibição desejada do tabu bíblico original. Desse modo, a falta de pudor das Amazonas e a lascívia das bruxas nada mais são que o testemunho daquilo que o homem nega a si próprio de um jeito instintivo.

Segundo as descrições de Virgílio a Píndaro, as guerreiras portavam arcos de bronze pesados e escudos pequenos com formato de meia-lua. Os elmos, os trajes e os cinturões eram feitos das peles de animais ferozes. A fantasia dos mestres da pintura, desde o Renascimento até o Neoclássico, não cansou de reproduzir em quadros e afrescos Diana, a caçadora, e seria impossível citar todos aqui, ainda que de modo sucinto.

O elemento fundamental da psicologia das Amazonas é *a rejeição ao homem e a intolerância absoluta ao amor e ao matrimônio.* Nas palavras de Paul Diel,[85] elas eram as "mulheres assassinas de homens", que assumem o lugar deles e se convertem em suas rivais, perdendo o valor da alma e as vibrações de esposa e de mãe.

Kerényi explica que havia cinquenta Amazonas, assim como as Nereidas e as luas de um ciclo festivo de quatro anos, metade de um "grande ano". A segunda metade desse ciclo tinha 49 luas, assim como as filhas de Danao, as danaides. Desse modo, as luas em sucessão no céu triunfavam sobre a noite sombria.[86]

É na obra de Ésquilo, *As Suplicantes*, que compreendemos melhor as Amazonas, pois, nessa tragédia clássica, elas fogem dos tenebrosos filhos do rei do Egito, homens violentos, e seu barco atraca em Argo, o "país claro". Ésquilo descreve os homens de Argos dispostos a proteger as danaides de seus perseguidores e também salvar o pai delas, Danao. Estas são as virgens que recusam o matrimônio. Contudo, obrigadas a se casar (segundo a trama do mito na trilogia inacabada de Ésquilo), as danaides assassinam seus maridos, exceto Ipermestra, que aceita o amor de Liceon e, assim, o salva. Já as outras irmãs foram castigadas com um casamento obrigatório. A mensagem da tragédia é clara: o inflexível Zeus pune as Amazonas por sua transgressão da ordem cósmica; ou seja, verdadeiras Liliths, dessa vez, obrigadas a obedecer e ignoradas em suas invocações de liberdade! Em vão, Afrodite, a grande mestra do amor, pregava que:

a terra pretende penetrar com amor no céu puro [...]
[...] o desejo de amor possui a terra;
a chuva do céu a torna fértil
e ela dá vida às plantas e aos animais
de que se alimentam os homens.[87]

As geniosas danaides não compreendem essa mensagem de amor e protestam, furiosas:

Jamais aceitaremos as mãos violentas dos machos.
Fugiremos do matrimônio maligno sob o céu e as estrelas [...].[88]

Ante o silêncio de Zeus evocado, as suplicantes, aterrorizadas pelo iminente matrimônio, ainda imploram:

Ó monte, ó terra justa e adorada, por que sofremos? Nesta terra de Ápis, para onde fugiremos por uma trilha escura? Quem nos dera fôssemos fumaça preta que se perde entre as nuvens de Zeus, poeira que se dissolve.

A alma congela, meu coração se obscurece. Fui privada da visão das barcas, e no medo me perco. Preferível é o laço da morte a um toque de um dos malditos homens, mesmo leve; antes Hades se apossasse de mim.

Não haverá para nós um abrigo nos céus em que a nuvem úmida se desmanche em neve, nem uma minúscula rocha suspensa que o olho não capture, solitária, oriunda das cabras e dos abutres, e de lá se precipite de vez para testemunhar, antes das núpcias que violam e dilaceram nosso coração? Devoradas pelos cães e pássaros desta terra, isso aceitamos. Pois a morte liberta da dor lancinante: que chegue a morte antes do tálamo nupcial. Não perderemos o caminho da fuga e da libertação.[89]

Lembremo-nos ainda do mito de Hipólita, a rainha das Amazonas. Nele se manifesta a verdadeira guerra dos sexos, na qual se distinguem as nuanças interessantes da conduta da rainha, perturbada pelo conflito.

De acordo com uma das versões escolhidas entre as que temos disponíveis, o mito narra a nona tarefa de Hércules: trazer à filha de Euristeo, Admeta, o cinturão de ouro de Hipólita, presente de Ares. Junto a Teseu, Telamone e outros heróis, Hércules encontra as Amazonas no rio Termodonte, na cidade de Temiscira. Fascinada pela força física do enorme Hércules, Hipólita se dispôs a lhe entregar o cinturão, talvez por ter-se afeiçoado a ele. Uma pintura em um vaso mostra o herói sentado, tranquilo e resoluto, e as Amazonas trajando calças, conforme o costume cita, oferecendo-lhe o precioso cinturão. Entre elas, porém, vagava Hera, disfarçada. Ela semeia, em meio às viragos, a suspeita nefasta acerca dos homens. Enfurecidas, então, as Amazonas temem o rapto de sua rainha e atacam o barco e os heróis. Assim estourou a guerra entre os homens e as mulheres belicosas. Sem dúvida, elas levaram a pior. Desconfiado de que Hipólita o traíra, Hércules a mata, apanha o cinturão, as armas e o machado. Uma a uma, foram mortas as Amazonas que atacavam o barco, enquanto as outras foram obrigadas a fugir. Hércules cumpriu a nona tarefa, e o conflito entre os sexos se confirmou.

Para o ocultista Lanoe-Villene,[90] as Amazonas seriam, na ordem metafísica, um símbolo das forças cósmicas psíquicas que orbitam a "esfera" do Paraíso com o objetivo de vigiar as fronteiras. Por essa perspectiva, o célebre cinturão seria simplesmente o círculo mágico de energia criado pelas Amazonas em volta do Paraíso, que Hércules ameaçou com sua arrogância.

São elas as guardiãs da vida e da morte. Nas origens, ou seja, nas fontes mitológicas, certamente foram as sacerdotisas do mistério lunar e feminino; talvez a lenda tenha surgido das figuras de mulheres armadas esculpidas no período clássico, sob o pedestal do Trono de Zeus em Olímpia, ou da reprodução do escudo de Atena no Templo de Teseu. Não deixemos de considerar, também, que poderia haver em Éfeso sacerdotisas armadas pertencentes às três tribos sacerdotais matriarcais.

Sem dúvida, uma imagem feminina notável que podemos colocar no mesmo plano das Amazonas e, assim, concluir a série de mitos gregos a respeito das deusas lunares é Circe. Enquanto as danaides são temidas por seu gosto pelas armas, Circe, apesar de não ter aspectos ou atributos demoníacos e infernais, intimida por causa de suas características sedutoras, sensuais e devoradoras. Assim como Lilith, ela também expressa a rejeição ao "patriarcado" masculino e domina os homens com seus encantos. Na lenda e no mito, Circe é o Absoluto Feminino que leva o homem à perdição, que acaba obedecendo à vontade dela. Protótipo da bruxa medieval, Circe tem todos os poderes da alma mais profunda que se manifesta em um Eros total e insustentável. Primeiro, seduz e atrai o homem, que não resiste; depois, já o dominando, ela o reduz à submissão e à servidão completa, convertendo-o em um escravo brutalizado. Com Circe, não temos a imagem inconsciente da libido sexual que se ocupa das formações fóbicas, como no caso de Hécate e da Empusa; ela é, por sua vez, o objeto de amor mais convidativo e convincente, tanto que não há desconfiança nem defesa. O engano se revela posteriormente e indica o perigo e a destrutibilidade ocultos por trás da beleza e da sedução. Ela não se apresenta como íncubo, dominadora, mas sim como a oportunidade ideal de satisfação absoluta; é capaz de conceder o êxtase erótico, porém, pelo preço da liberdade. Homero, em particular, a cita como Circe. Entretanto, ela aparece com outros nomes complexos, como acontece com as outras deusas lunares. As fontes a citam como Circe, mas também Pasífae. O apelido de *maga* nos indica que Circe se dedicava à magia; mas, do ponto de vista psicológico, devemos considerá-la a expressão lunar da Grande Mãe, que atrai, de modo regressivo, até os reinos silenciosos da inebriante doçura incestuosa, oferecendo-se como a mágica liberdade e a plenitude, a libertação e o lenimento. A magia de Circe nada mais é que o encantamento dos sentidos, a sedução eterna da jovem aventureira. (Não é à toa que

Circe se manifesta no confronto mítico com Ulisses, o homem que quer viver e transcender, apesar do medo e das armadilhas das mães). A deusa homérica se transforma em uma perseguidora, como uma Lâmia, pois tolhe o progresso e a "viagem" de Ulisses e seus companheiros. O que vemos é sempre um valor da alma, sim, mas agora como um componente ignorado pelos homens, que, no entanto, se fascinam pela sedução do ócio, da *renúncia*, optando pela mais tenra segurança. Talvez seja Circe a imagem feminina mais bajuladora da imaginação grega: alta, bela e altiva, ao mesmo tempo em que sua magnífica ilha era banhada por mares quentes. Circe é o mistério do não retorno, a satisfação e a perdição. O Odisseu de Homero (mais conhecido como Ulisses) revive sua história no encontro com Circe. Livre da fúria dos Lestrigões, os gigantes antropófagos, Odisseu segue viagem com sua nau.

Chegamos à ilha de Eeia, onde vivia a Circe de belas tranças, a terrível deusa que tinha a palavra humana, gêmea de Eeta, de coração cruel, filha do Sol, aquele que ilumina os mortais, e de Perse, filha do Oceano. Com a nau, nos aproximamos de uma de suas extremidades e aportamos em silêncio. Éramos guiados por um deus. Lá passamos, então, dois dias e duas noites deitados, remoendo nosso cansaço e nossa amargura.

Acompanhado de seus heróis, Odisseu explora a ilha e faz a descoberta fatal:

[...] vi a fumaça subir da terra de largos caminhos no palácio de Circe, em meio ao denso bosque de carvalhos e mato.

Escolhem, entre si, quem fará o reconhecimento do terreno e do misterioso palácio. A sorte cabe a Euríloco. Escoltado por 22 companheiros, ele avista a fatal morada:

> Em um estreito vale, encontraram o palácio de Circe,
> erguido com pedra polida, a céu aberto.
> Passeavam ao seu redor lobos monteses e leões,
> por ela enfeitiçados com poções perniciosas.
> [...]
> Pararam no vestíbulo da deusa de belas tranças;
> e Circe, que no interior cantava com sua linda voz,
> detiveram-se a escutar.
> Ela tecia uma grande teia imortal,
> como fazem as deusas seus trabalhos
> sutis, esplêndidos e graciosos.

A descrição do poeta não poderia ser mais convidativa: de novo, vemos a imagem da mulher delicada, graciosa, mas também o arquétipo da *casa*, do *refúgio*, do *ancoradouro*. O tema é a regressão como solução paradoxal de todos os conflitos. Circe, porém, não disfarça o equívoco, que é percebido pelo sensível Euríloco. O drama se desenrola no momento em que os homens, arrebatados, se deixam embalar pelo que *veem*, *sentem* e *procuram*:

> Caríssimos, ali há alguém que tece uma grande teia,
> canta com suavidade e faz a terra ressoar;
> mulher ou deusa, chamemos sem demora!

E eis que aparece Circe:

De repente, ao sair, ela abriu a porta fulgurante e os convidou a entrar; incautos, todos a seguiram. Euríloco, contudo, não entrou, receoso de uma cilada. Fê-los se sentar em tronos e divãs e lhes serviu queijo, farinha de cevada e mel no vinho feito por Prammo. Nas taças ela misturava poções nefastas para que se esquecessem da terra natal. E, tão logo sorveram a bebida, eis que, de súbito, ela os toca com a varinha e os transforma em porcos. De porco eles recebem a cabeça, a voz e o corpo, e só conservam o mesmo espírito de antes. Assim choravam os homens encarcerados; e Circe os alimentava com bolotas, cornisos e nozes, como comem os porcos que se deitam no chão.[91]

Esse é o primeiro sortilégio de magia que vemos operante com extraordinária eficácia psicológica! O bonito sonho se transforma, de súbito, em uma alucinação com características de pesadelo. A simbologia desse *feminino mágico e regressivo* é tão farta que mal podemos sublinhá-la, deixando-a aberta à imaginação. Circe vive em uma ilha, cercada pelo mar: símbolo do Eu, a ilha de Eeia também simboliza *o retorno à consciência do lado sombrio da Alma e do próprio instinto*. Aportar na ilha de Circe significa alcançar a dimensão total do instinto (homens transformados em porcos), o *foco* do tema; a ilha é separada da terra firme e constitui, portanto, um emblema de algo completamente isolado da vida consciente. Os companheiros de Odisseu são, na verdade, os aspectos interiores dele, privados do liame com o Eu e tragados no rodamoinho da alma obscura. Eles se livrarão dos feitiços de Circe quando evitarem o fascínio, atraindo a maga para uma integração parcial. De fato, Hermes, o sábio deus Mercúrio, ajuda Odisseu, explicando-lhe a verdadeira natureza de Circe, quando o herói se preparava para vê-la:

> Eis que veio ao meu encontro Hermes, com sua varinha de ouro, logo que me acheguei à morada, na forma de um jovem herói, no qual desabrochava o primeiro buço, homem de grande beleza. Tocando-me a mão, disse estas palavras: "Aonde vais, desafortunado, sozinho nestas colinas, embora não conheças a região? Teus companheiros na casa de Circe foram transmudados em porcos e, nessa condição, se abrigam em chiqueiros bem fechados. Queres libertá-los? Pois te digo que não regressarás, e lá permanecerás com os outros".

Hermes, que é o princípio da consciência racional, oferece a Odisseu uma erva secreta que desfaz os encantamentos e anula os filtros mágicos. O herói, munido da erva da raiz negra e da flor branca como leite, cujo nome é "moli", prepara-se para a aventura com Circe. Contra o poder da maga, Odisseu usa o auxílio de Mercúrio: sempre um apoio "divino" contra a "periculosidade" da sedução feminina.

> [...] e à morada de Circe dirigi-me, e forte batia meu coração. Parei sob o pórtico da deusa de belas tranças e lá, em pé, gritei. A deusa ouviu minha voz. Atendeu-me imediatamente, abriu as portas esplêndidas e convidou-me a entrar. Com o coração acelerado, segui-a. Após dar-me de beber, esvaziei

a taça – e ela não pôde me enfeitiçar – e a maga me disse: "Agora irás para o chiqueiro com teus homens!".

Odisseu não é afetado pelo veneno, pois está imune graças ao princípio ativo do mercúrio. A alquimia nos ensina que o mercúrio é o metal da transmutação. Por que Circe realiza um ato de magia? Ela expressa os poderes *naturais*. Hermes, ao contrário, expressa aquilo que é chamado de "ciúme" dos deuses. Este é o conflito: a feiticeira enfatiza o irromper dos instintos naturais que ameaçam a ordem perene das coisas. Mercúrio entra em cena para corrigir esse desequilíbrio. A *intimação* do divino, do superior, se repete para detrimento do inferior, do terreno. Mais uma vez, Adão-Odisseu se "alia" ao princípio paterno divino, com o objetivo de impedir a ordem natural manifesta em Lilith-Circe. Vemos o confronto entre as forças absolutas e a consciência pensante. Circe quer derrubar a barreira defensiva do pensamento racional de Odisseu. W. Otto comenta, com muita propriedade:

> Toda magia verdadeira pressupõe, de um lado, a consciência humana e a concentração do pensamento; do outro, a existência de uma ordem natural rígida, embora não mecânica. O ato realmente mágico só é possível em um estado de particular excitação. Entretanto, essa excitação ocorre quando o espírito tem a sensação de que as tão veneradas regras da natureza foram violadas.[92]

Circe representa a maldição provocada pela ofensa cometida contra a natureza: as imprecações, as "barreiras", que a partir de

Lilith se erguem contra os que insultaram o "desejo" natural. O "não" de Adão ainda é cobrado dos companheiros de Odisseu transformados em porcos! Odisseu passa um ano inteiro com Circe, e os mitólogos atribuem a esse relacionamento amoroso dois nascimentos, ou ao menos um, com certeza: Telégono ou Engamone. Circe é Lilith finalmente reconhecida e aceita: nesse caso, a mediação de Hermes-Mercúrio transcende o mágico e oferece a possibilidade da *verdade* às duas partes. O pacto é respeitado: a feiticeira é amada *por ser o que é*, e Odisseu, por amá-la, convence-a a abandonar a magia; seus companheiros retomam a forma humana e não se lembram de que um dia foram porcos!

Em certo sentido, é Circe que vê respeitada a "venerada" regra da natureza e, assim, ama de maneira enternecida o herói, até ajudá-lo, mais tarde, com conselhos de grande sabedoria e paixão. A tradição apresenta diversas versões do mito de Circe. Alguns dizem que ela habitava uma ilha perto da Ática, enquanto os colonos gregos na Itália apontam sua estranha e maléfica morada no Mar Tirreno. Quem visita hoje o Monte Circeo, tão repleto de emanações, depara com traços do palácio de Circe, a deusa das "belas tranças", filha do Sol, no topo do monte cujo contorno escuro se destaca ao pôr do sol. Os amieiros, choupos e ciprestes sagrados enfeitavam os jardins arcanos, onde amor e morte se entrelaçavam na teia e se ouviam os cânticos de Circe e suas servais. Teofrasto e Virgílio afirmavam que o culto era exatamente ali, no Monte Circeo. Apolônio de Rodes menciona um bosque-cemitério de salgueiros, a quinta árvore mais sagrada, localizado em Cólquida, como sede do culto a Circe. Outras fontes sugerem a ilha Eeia, a "que geme", perto da foz do rio Pó. Também ali teriam existido amieiros, árvores originadas da transformação mágica da irmã de Faetonte. Lembremo-nos de que Hécate tinha predileção pelos choupos pretos. Toda a simbologia do episódio homérico deve ser analisada sob a luz da interpretação do mágico, do Eros, da morte, e cada elemento sustém uma interpretação psicológica. A teia de Circe é, de novo, a trama do destino de cada um; e Circe, deusa da morte, tece esse destino de modo incansável.

A transformação dos companheiros de Ulisses em porcos também tem um sentido fortemente religioso. O porco era o animal sagrado de algumas divindades gregas, e Frazer[93] lembra que, no folclore europeu, é uma encarnação comum do espírito do grão; por isso, os porcos têm uma forte associação com Deméter. Isso nos faz refletir se a grande deusa lunar não teria, originalmente, também a forma de um porco. Frazer se refere a uma Deméter sempre acompanhada desse animal; e nos ritos lhe eram oferecidos porcos em sacrifício. Os ritos das *Tesmoforie* áticas eram festivais de outono celebrados apenas pelas mulheres, no mês de outubro, e há indícios de que representavam, com rituais fúnebres, a descida de Perséfone (ou da própria Deméter) ao submundo. Um dos ritos consistia em lançar porcos, pães e ramos de pinheiro à "caverna de Perséfone", vigiada por serpentes. A própria Perséfone seria *teriomorfa* em sua origem, talvez um porco. Nas *Tesmoforie*, as participantes comiam carne suína, que, segundo Frazer, representava um sacramento ou uma comunhão solene, momento em que as fiéis saboreavam um corpo divino. Deixando de lado, então, as interpretações moralistas e éticas, será que poderíamos ver o ato de transformar homens em porcos não como uma magia animalesca, mas, sim, como a "consagração" dos instintos masculinos ao princípio lunar? Nesse caso, os companheiros de Ulisses representariam o retorno ao princípio feminino. Circe corresponde à Deméter Negra de Figalia; desse modo, o "masculino" reassume a parte animal censurada.

O alimento dado às vítimas transformadas em porcos é constituído de corniso vermelho de Cronos, planta que ainda cresce nos atuais sítios sagrados. A erva sagrada, "moli", dada por Hermes-Mercúrio a Odisseu, é intrigante. Enquanto alguns afirmam ser o ciclamino silvestre, uma planta rara com flores brancas, bulbo escuro e resistente, muito perfumada, outros classicistas associam "moli" a uma espécie de alho que dá uma flor amarela. Talvez seja isso mesmo, pois, nessa analogia, reconhecem-se as propriedades apotropaicas e de esconjuração no vampirismo e na bruxaria.[94]

Ao que parece, é um tipo de alho que cresce quando *a lua está no último quarto*, ou seja, uma confirmação de que tal erva protege contra a proximidade da Lua Negra, e funcionava, portanto, como um talismã contra Hécate e suas manifestações perigosas. Além disso, eram penduradas tranças de alho no lado externo da casa para afastar demônios lascivos e bruxas. O filtro de Hermes talvez seja um símbolo de esconjuração (o próprio alho) contra Circe, rainha dos feitiços maléficos.

Algumas fontes supõem que seria arruda silvestre, apesar de essa planta não corresponder às informações botânicas do poema. Essa analogia não se aplica muito bem. A arruda é um vegetal emenagogo, isto é, acentua o ciclo menstrual, e tem efeito analgésico e vesicante. Não encontramos muitas referências ao uso da arruda por parte de Hermes. Quanto às poções de Circe, pouco se sabe. Homero cita apenas os venenos funestos – "drogas tétricas" –, o que nos faz pensar em alucinógenos. Há várias representações de Circe, pois a arte sempre levou em conta esse mito da mulher--maga. No museu arqueológico de Nápoles, há um mural que retrata a deusa com características marcantes. Já no museu de Oxford, há uma cratera grega exposta com a imagem de Circe. E mais próxima de nós é a famosa Circe pintada por Dosso Dossi: nesse esplêndido quadro do fim do século XVI, a feiticeira tem um aspecto poderoso, é dominadora e bela, imersa em um contexto de símbolos talvez excessivos, porém perturbadores. Quando Odisseu volta de Eeia para a sonhada Ítaca e para sua Penélope, a aventura da alma toma outro rumo. Encontramos também outras figuras míticas no limite extremo do mundo helênico: as sereias, o eterno símbolo da sedução erótica irresistível. A sereia é a imagem mais inconsciente e temível de Lilith, distante e oculta aos olhos, e reúne em si todas as características destrutivas. Além disso, é a própria Circe que descreve as assustadoras ondinas a Odisseu:

Verás primeiro as Sereias, capazes de encantar os homens que delas se aproximam. Quem, de modo incauto, se achega a uma Sereia e escuta sua voz jamais vê de novo sua esposa e os filhos pequenos em casa, reunidos à sua volta, pois as Sereias enfeitiçam com seu canto harmonioso, sentadas nos campos; enquanto ao redor delas se amontoam os esqueletos humanos putrefatos; a pele simplesmente se desfaz. Portanto, tu deves, em viagem, não parar e cobrir os ouvidos de teus companheiros.[95]

Vejamos, enfim, como se desenrola o mitologema de Lilith no cenário cultural de Roma e no Império. Em Roma, praticamente prosseguem os cultos às divindades gregas, porém latinizadas, e com fins diferentes. Os deuses permanecem como símbolos eficazes, mesmo diante do mundo romano realista. Embora mudem os nomes e alguns atributos, a ideia básica de Koré, por exemplo, é a mesma. No culto romano, a Perséfone helênica se converte na temida e tenebrosa Prosérpina, rainha e guia dos infernos. Esse culto, porém, nunca alcançou relevância. Deméter, deusa lunar da fertilidade, torna-se Cibele, e o culto permanece semelhante. A divina Ártemis, com suas características amazônicas, em Roma, é Diana, a caçadora, que, muitas vezes, é acompanhada de Marte, o deus combatente e agressivo. E é justo em Roma que imagens de mulheres guerreiras adquirem os traços mais animosos. Hécate se apresenta com toda a sua expressividade sinistra, talvez com um reforço de caracteres mágicos, por já ser considerada, ao lado de Medeia, a sacerdotisa das bruxas. O culto lunar é sempre ativo e não diminui, no espírito popular, o respeito por um folclore que envolve manifestações cíclicas. Também os romanos veem na noite e na Lua um poder inquestionável e, às vezes, totalmente mágico. No entanto, encontramos em Roma as divindades que assumem traços mais mágicos e relegados à superstição. Para Horácio, por exemplo, Diana e Prosérpina se distanciam do mitologema por simbolizarem as padroeiras da magia; e ele já faz referência ao mundo mágico e aos rituais em *Liber carminum*, o "Livro dos encantamentos". Algumas fontes, que só devemos consultar com cautela, aludem a determinados rituais em que "a Lua é retirada do céu".[96]

Em Temesa, uma pequena cidade da região da Calábria, na Itália, as pessoas batiam em tambores de bronze até a lua descer do céu para se mostrar aos homens. Era uma fantasia absolutamente mágica e supersticiosa, mas nos permite entender como o mitologema da Lua-Alma inspira novos temores de outra ordem. Os romanos, homens práticos e de bom senso, eram avessos a práticas misteriosas e feitiços arcaicos, e não sentiam neles a "presença" de demônios com a mesma intensidade que outros povos, mas também eram muito supersticiosos. Podemos afirmar que é justamente em Roma que se inicia o incrível drama da bruxaria e das bruxas, no qual a mulher sofreria toda a violência da repressão sexual mais destruidora já praticada pelos homens, que culminaria na carnificina imposta pela Igreja.

Suetônio, em *A Vida dos Doze Césares*, nos mostra como as superstições dominam a história dos homens. Também nas obras de Plínio, o Velho, e Plínio, o Jovem, encontramos cenas evidentes de magia. E são dois magos célebres daquela época – Simão, o Mago, e sua mulher Selene – que introduzem as práticas ocultas envolvidas com o demoníaco, a sexualidade, a mulher e o exorcismo. Tempos depois, aparece Apolônio de Tiana, o mago dos prodígios indescritíveis.[97]

A superstição implica algo que não é visível nem subjetivamente perceptível como endógeno. Pode-se dizer que os romanos evitavam a *personificação do divino* e, por isso, quase não tinham imagens de cultos. Nem mesmo as imagens femininas eram exceções a essa premissa; o romano nutria certa aversão a encontrar sentido no culto de imagens, ao contrário dos gregos. Daí o desprezo pela mitologia no domínio do sagrado, pelo menos no início da Era Romana. Além disso, não viam os deuses como abstrações filosóficas, mas, sim, como conceitos teológicos. O pensamento não cedia lugar para isso, o divino não tinha cidadania no sentido filosófico-especulativo; era, isso, sim, *ação*.[98] Em vez do *deus*, o mais vivo era o *nume*, ou seja, sentia-se menos a "pessoa" e mais o "poder".

O culto, portanto, se torna puro rito, no qual era costume *evocar* e *nomear* por meio de uma estreita visão *imanente*. A relação entre os deuses e o Estado era muito objetiva. Claro que isso abria um grande espaço para a superstição e a magia, apesar das perseguições das leis romanas. O domínio era do consciente, mas aquilo que fugisse ao racional logo se tornava uma manifestação supersticiosa incontrolável.

Por esses e outros motivos, na tradição romana, como já vimos, não existem modificações, e a relação com a imagem feminina se orienta, no plano da sombra, pela bruxaria. Ovídio menciona os filtros mágicos, mas é em particular Horácio, nos epodos V e XVII, que descreve uma bruxa famosa, Canídia, na qual vemos, sem possibilidade de equívoco, uma imagem demoníaca semelhante à Górgona. De fato, diz a bruxa no epodo XVII:

E então te verei montado sobre ombros odiosos e o mundo inteiro se curvará ao meu poder extraordinário. Eu, que posso dar vida às imagens de cera, como tu viste por tua curiosidade, talvez consiga retirar do céu a Lua, ressuscitar os mortos reduzidos à cinza e preparar os filtros que incitam à sensualidade [...].[99]

No epodo V, são citados os aspectos terríveis da bruxa:

Tinha nos cabelos minúsculas víboras; e, desgrenhada, ela dá
ordens [...].

Convicto de sua bem-dotada "virilidade", o romano abre espaço para a imaginação perversa que quase sempre converte a mulher em uma "*bruxa*". Projetam-se de modo reiterado sobre a mulher romana e também sobre a mulher que viria depois do advento da Igreja Romana, as sombras de Hécate, Medeia e Diana. A mesma Medeia, sacerdotisa de Hécate, trágica amante de Jasão, a vingativa que mataria seus filhos para se vingar do amado e que, na tragédia de Eurípedes, é obrigada a dizer:

De todos os seres no mundo que têm alma e mente, nós mulheres somos as criaturas mais infelizes. Acima de tudo, devemos comprar com dinheiro o marido e adquirir, assim, aquele que será nosso patrão [...].[100]

Então, depois de preparar a atroz vingança contra sua rival e os filhos, Medeia se torna, por fim, um "monstro", totalmente dominada pelos demônios que ela mesma invocou:

Pela deusa senhora que venero acima de todos os deuses, e que escolhi como minha parceira e que mora nos recônditos de meu lar, pela deusa Hécate, digo e juro: ninguém se alegrará por contristar meu coração; em luto e amargura, farei suas núpcias [...].[101]

Enfim, ignorante da sombra, revela a inferioridade feminina, ainda e sempre o resultado da sujeição imposta pelo homem:

> Pois, por nossa natureza, já que somos nós, mulheres, as menos capazes de fazer o bem, também somos, por outro lado, as artífices mais habilidosas do mal.

O próprio Ovídio enaltece a noite escura como o *momento* mais apropriado para todas as atividades das bruxas e dos fantasmas femininos:

> Ó, noite, tão fiel aos meus arcanos
> e vós, estrelas áureas
> que sucedei o fogo diurno
> junto à Lua!

Em Horácio, a Noite se une naturalmente a Diana, que se revela mais como feiticeira que como Amazona; e a invocação serve para Canídia, pois esconjura os poderes lunares:

> Ó, de minhas atividades
> testemunhas não infiéis
> a Noite e Diana, que governais
> em silêncio
> na hora do mistério!
> Ajudai-me, ajudai-me agora
> e aos inimigos dirigi vossa raiva
> e vossa vontade![102]

Entretanto, embora os cultos tenham se espalhado amplamente em Roma, como no caso de Prosérpina, pois, segundo Varrone Lívio, eram celebrados, em 249 a.c., os *Ludi Tarentini*, ou Jogos Seculares, todas as manifestações de magia e bruxaria eram perseguidas, decerto, por razões de Estado. Claro que nada disso libertava o homem do problema profundo da rejeição.

A Medeia de Eurípedes representa a mulher que vive o pleno conflito entre a própria libertação do jugo patriarcal e as leis impostas pelo homem. Assim como Lilith, primeiro, Medeia triunfa, para depois entrar em competição com o homem que a rejeita e a exclui. Assim, como veremos mais adiante, quando as bruxas, aos milhares, eram sentenciadas à morte na fogueira pela religião sustentada e imposta pelos homens, ainda imperava a mesma gana, o mesmo impulso de se libertar da sujeição ao macho. O comportamento da mulher romana, os recursos e as expressões de seu riquíssimo psiquismo e de seu mundo imaginário não poderiam prevalecer para os sacerdotes da história exterior, principalmente em Roma, onde eram totalmente manifestados nas *ações*, no *direito* e na arte *formal* como elementos obscuros, misteriosos, em geral, incompreensíveis, noturnos, lunares e vibráteis, que tinham o dom de despertar temores irracionais e, com base neles, as superstições. Contudo, não se entendia, como ainda não se entenderia no posterior cristianismo medieval, que era apenas o "mistério" intimamente relacionado ao *mistério da feminilidade*, pois a mulher conhece por dentro, quase nunca a partir de fora, trazendo no próprio ventre (tanto em sentido literal quanto metafórico) a mais profunda experiência vital, e se mantém em uma união perene e indissolúvel com sua criatura. Nas palavras de Vautrier:

A ciência da mulher não é a mesma do macho, pois seu corpo conhece outras artes. A mente da mulher é impregnada de outras dimensões. As descobertas feitas pelas mulheres, como a história confirma até onde se traça a origem, são basicamente diferentes das descobertas dos homens, mais próximas dos procedimentos ocultos na natureza que as dos machos, e têm uma tendência a se exaurir na aplicação de técnicas que modificam somente as formas.[103]

O perigo psicológico para o homem, vivenciado como artifício e invasão e já observado na imagem jâmbica de Horácio, deriva do fato de que a mulher pode induzir o homem à própria vontade, montá-lo, ficar por cima dele. Para o macho, essa é uma imposição insustentável; mais uma vez, a rejeição agressiva a Lilith. Por sua vez, a mulher exerce na imaginação a mais cruel vingança. Combatida com a mais exasperada sublimação religiosa e a desdenhosa razão do homem, a Alma como "mulher" e totalidade de energia vital e, portanto, esfera potencialmente instintiva e criativa, mais uma vez, representa o conto ao protestar e insistir nas perguntas: "Por que me dizes 'não', se somos iguais? Não sou igual a ti?".

E assim surgiram as *bruxas*.

5
Lilith na Idade Média: a Bruxa

No SEGUNDO SÉCULO DEPOIS DO ano 1000, surge um espectro que se espalha pela Europa: a bruxa.

O íncubo produzido pela psique evolui e se torna mais constante, a ponto de se exteriorizar: a hostilidade para com os conflitos sexuais quase sempre ignorados colide com a ciência e a afeta. A partir daí, de acordo com alguns limites socioculturais e socioeconômicos, a aversão pelos instintos se projeta sobre "determinadas" mulheres, que passam a ser vistas como bruxas, personificações obsessivas dos fantasmas e das superstições coercitivas, que, no início da Idade Média, se manifestavam no mundo objetivo. Começa, então, aquilo que seria definido como *o romance do imaginário*, no qual a obsessão masculina se entrega de vez ao delírio persecutório que não tarda a se tornar um rito sangrento.

Assim, além de a contraposição entre *alma* e *carne* se evidenciar na Era Cristã, a fenda se amplia com o predomínio do homem e a crença na inferioridade da mulher. Nesse vácuo, se imiscuem os germes da angústia da Era Moderna. Com o advento da Idade Média, o homem-Adão, arrastado pelo moto centrífugo da divergência de polaridade, inclina-se cada vez mais para a vida metafísica e a transcendência, enquanto a mulher é relegada à condição de "periculosidade".

Jamais, antes do ano 1000, o homem lutara contra os componentes erótico-sexuais que tentava reprimir, confinando-os ao Sabá das manifestações satânicas. Jamais a mulher tivera de pagar tão caro e de maneira tão trágica pelo ódio masculino às forças instintivas. Recomendamos a literatura específica sobre a temática das bruxas e da bruxaria aos leitores que desejarem conhecer mais a questão.[104]

Falaremos aqui da bruxa como uma personificação ulterior, talvez a mais clamorosa, daquela Lilith que o homem enxergou.

Da França à Espanha, da Itália à Alemanha e à Inglaterra, o espectro da bruxa se dissemina como uma doença, um delírio paranoico persecutório com a força das pulsões destrutivas que culmina na explosão da caça às bruxas, dos processos da Inquisição e das condenações às chamas. Pouco a pouco, essa explosão acumularia, sob a tutela da Igreja, todas as "provas" que serviriam para reforçar a censura a Lilith e a perseguição aos seus símbolos. Tais "provas" são eloquentes em si, e podemos citar algumas como exemplo, escolhendo-as dentre o imenso repertório da cultura patriarcal ocidental. Elas permitiram imbuir na consciência masculina sentimentos que abriram o caminho para a horrenda carnificina física e psíquica que a história registra nestes termos:

Jamais os seres humanos se atracaram tão cegamente e nunca antes o cristianismo foi tão desacreditado diante do mundo inteiro como nos processos contra as bruxas.[105]

A base da convicção de que a mulher é condenada segundo a *Bíblia* poderia ser o *Eclesiastes*:

> Não há veneno pior do que o veneno da serpente, nem ira pior do que a do inimigo. Prefiro morar com um leão ou um dragão a morar com mulher maldosa. (*Ec* 25:14-15).

Sêneca diz que a mulher simplesmente ama ou odeia, sem que haja algo intermediário, e, de todo modo, quando pensa, são somente pensamentos maldosos. Cícero também achava que a mulher tinha uma tendência a cometer todo tipo de delito por causa de sua avidez. Terêncio, por sua vez, afirma em *Hecrya*, III, l: "As mulheres têm o intelecto fraco, quase como as crianças".

Não há a menor confiança nas manifestações emotivas da mulher; nem mesmo Catão lhe dá crédito. Ele afirma: "Ao chorar, a mulher trama artifícios com as lágrimas. Enquanto as derrama, pensa em um modo de enganar o homem".

É sempre na *Bíblia* (*Provérbios* 7: 25-27) que aparece a condenação mais enfática, de onde virá o pano de fundo para o cenário medieval combativo às bruxas:

> Não se desvie o seu coração para os caminhos dela, e não andes perdido nas suas veredas: porque a muitos feriu e derribou; e são muitos os que por ela foram mortos. A sua casa é caminho para a sepultura e desce para as câmaras da morte.

No famoso *Formicarius* de Johan Nider (de 1430), é descrita pela primeira vez a bruxaria, mas só em 1489 chega ao público aquele texto incrível sobre *psicopatologia sensual masculina*, escrito por Heinrich Institoris e Jakob Sprender: *Malleus Maleficarum (O Martelo das Feiticeiras)*,[106] no qual encontramos a seguinte informação:

> Pois, sem dúvida, se não existissem as iniquidades das mulheres, independentemente da bruxaria, o mundo atual estaria livre de inumeráveis perigos.

Mesmo que as bruxas fossem ignoradas (e fosse mantido o silêncio sobre seus malefícios), a mulher seria um flagelo para os inquisidores! Estes recorrem a Eva e ao pecado original para elaborar o processo contra a sexualidade feminina; e no, *Malleus Maleficarum*, afirma-se que o pecado entrou no mundo por meio da mulher e que ele mata a alma. [...] Portanto, a mulher é "um inimigo silencioso e oculto" cuja concupiscência é insaciável.

O famigerado texto vai mais longe ao afirmar que, de todas as insaciabilidades das mulheres, a pior é "a boca da vulva, por meio da qual elas se conspurcam com demônios e satisfazem a própria lascívia [...]".

A armadilha psicológica é ativada, por assim dizer, também por conta das perseguições religiosas, pois, por trás da feitiçaria, se esconde o álibi da heresia.

A equação *bruxaria + feminino* foi elaborada por G. Visconti em 1460, em sua obra *Laminarium sive striarum opusculum*, enquanto o jurista Vignati associa "excessos" sexuais à adoração ao diabo. Tempos depois, as bruxas foram definidas como *prostitutas* do diabo. Quanto à perfídia, conclui-se que, nos tempos modernos, ela está muito mais presente nas mulheres que nos homens; e o *Malleus Maleficarum*, na tentativa de apontar a causa, acrescenta que, assim como as mulheres são desprovidas de todas as forças, "tanto da alma quanto do corpo, não é à toa que cometam tantos feitiços contra os homens, que elas querem imitar. E a razão natural disso tudo é o fato de a mulher ser muito mais carnal que o homem, resultado de tantas imundícies carnais".[107]

A atitude psicológica dos inquisidores é, de modo inequívoco, condicionada pela obsessão sexual. Portanto, bruxaria, sexo e heresia se entrelaçam para culminar em uma única condenação:

> Dizemos, por conseguinte, que a experiência ensina que, para satisfazer a essas imundícies carnais, tanto com si próprias quanto com pessoas poderosas no mundo [...], realizam inúmeros feitiços que arrastam as almas para um amor de perdição do qual nada é capaz de desviar. [...] Assim, ameaçam rotineiramente destruir a fé ou expô-la a um perigo intolerável, uma vez que conseguem transformar a tal ponto o espírito de um homem que ele não permite que se tome qualquer atitude contra as bruxas, por parte dele próprio ou de outros.[108]

Vejamos, então, quem é essa criatura tão absurda, capaz de atrair o homem para um amor de perdição.

O mitologema da bruxa medieval deve, sem dúvida, estar relacionado a Hécate e Ártemis-Diana. É a partir delas que se encontram as origens psicológicas e simbólicas como emanações funestas da Lua. Nos primeiros séculos do cristianismo, Diana ainda era definida como bruxa, tendo em vista que, no mesmo período, Cesário de Arles expulsou do corpo de uma moça possuída um demônio que os camponeses chamavam de Diana, e em 1318, como sabemos, o papa João XXII discorreu sobre determinadas práticas de magia por meio das quais agiam demônios femininos chamados *Dianae*.[109]

H. C. Lea refere-se a cavalgadas noturnas de bruxas sob a liderança da deusa Diana, a quem elas obedeciam cegamente.[110] Segundo Burckhardt, a Diana latina também era conhecida como Herodias, a adversária mortal de João Batista. Em 1115, João de Salisbury já a citava, afirmando que Diana era considerada a Rainha da Noite e que ela convocava homens e mulheres para assembleias noturnas em que se consumavam orgias.

No *Canon Episcopi*, contudo, houve uma primeira tentativa de cessar a onda alucinatória em torno das bruxas por meio da alegação de que tudo não passava de fruto da sugestão e da superstição.

É possível que a imagem da mulher velha, solitária, ou feia e de aspecto feroz, que chega no meio da noite com seu séquito infernal e demônios, cães, vampiros, anões e outras mulheres, e se apresenta com a típica gargalhada sardônica, se baseie em Hécate ou em uma Empusa Górgona; nesse caso, os símbolos têm o mesmo significado. Por outro lado, a bruxa como uma jovem linda e atraente, a verdadeira "sereia" ou "víbora" da fantasia moderna, capaz de seduzir por meio de feitiços considerados fogo do demônio, ou de parecer a alegria vital dos sentidos, pode ser uma alusão à Circe homérica, com sua beleza encantadora que se manifesta com traços enganosos. Qualquer que fosse a encarnação do demônio feminino, a bruxa e suas seitas sofriam perseguição por serem vistas como *heresia* religiosa; hoje, no entanto, seria muito difícil esconder a verdadeira motivação por trás dessas perseguições, ou seja, o ódio pela mulher, manifestado na forma de luta contra o *pecado* por parte da Igreja celibatária, na qual se identificava, como *ecclesia mater*, o arquétipo da Mãe protetora e salvífica.

As bruxas vivem em uma dimensão oculta na sociedade dos séculos XIII e XIV. Ninguém as conhece ou vê; elas são criaturas fantasiosas, embora muitos se disponham a jurar que testemunharam suas artimanhas e sua funesta presença. Foi só em plena Inquisição que a bruxa se tornou uma criatura do sexo feminino, corpo e alma, em geral, oriunda das classes sociais humildes e consagrada ao demônio. De acordo com a tradição, a quantidade de bruxas era grande, tantas quanto o número de demônios que infestam o mundo, segundo as estatísticas paranoicas dos fanáticos da época. Em determinada fase, com certeza, foi retomado o conceito de bruxaria como manifestação invisível de poderes ocultos que lançavam maldições contra pessoas, coisas, animais, casas, campos etc.

As bruxas mantinham três tipos de relacionamentos: um com suas semelhantes, por meio do qual podiam se mimetizar à vontade e passar entre as pessoas sem nenhum indício de sua identidade. O outro e mais significativo era com o Diabo, que implicava o famoso "pacto" que veremos mais adiante. Por fim, elas tinham um relacionamento indireto com o próprio Deus, o que levava os inquisidores a fazer perguntas do tipo "A permissão divina contribui para a bruxaria?". E essa forma de interrogatório procurava respostas como:

"Todo o mal praticado com culpa, ou com punição, ou com prejuízo, Deus o permite em conformidade com a queda dos anjos ou a queda dos progenitores".[111]

Uma verdadeira obra artística de estratégia psicológica que atingia dois alvos com um único golpe: as bruxas eram necessárias como demonstrações do pecado e da queda, ou seja, da existência do Mal. E, justamente por isso, era imperativo destruí-las para se afirmar o Bem, isto é, a santa religião! Portanto, as bruxas contavam com uma espécie de passagem livre dada por Deus e pela Igreja, pois, com isso, mostravam a presença do Diabo e a necessidade de combatê-lo com processos, confissões, torturas e as fogueiras expiatórias e catárticas.

Elas praticavam o terrível *Maleficium*, uma obra violenta e sorrateira de magia negra na qual se condensavam, graças à fértil imaginação popular da Baixa Idade Média, todas as manifestações aterradoras e transformativas de sortilégio e destruição, inclusive as mais arcaicas.

A bruxa do sexo feminino exercia inúmeros malefícios, desde sensações incômodas simples no corpo ou entraves no trabalho diário até os males mais graves, que podiam causar morte, quase sempre por acidente.

Eram muito frequentes os malefícios na esfera sexual, tais como a impotência masculina e a frigidez feminina.

O psicanalista Ernest Jones, autor da obra *On the Nightmare* (*Sobre o Pesadelo*), foi, sem dúvida, quem escreveu o capítulo mais convincente e impactante sobre as bruxas, estudando-as sob a ótica freudiana como símbolo de profundos conflitos sexuais.[112]

Segundo Jones, o terror coletivo do *Maleficium* era o "basilar medo humano de incapacidade ou insucesso no plano sexual".

Já vimos que as bruxas se ofereciam para praticar sexo com o Diabo ou com os homens por ele possuídos, e que geravam demônios. Além disso, elas tinham também poder sobre o sexo. Estas eram algumas perguntas típicas dos inquisidores:

- As bruxas podem impedir o poder gerativo ou o ato sexual?
- As bruxas podem criar ilusões prodigiosas que deixem a impressão de que o membro sexual masculino se destaca completamente do corpo?
- Por meio de seus prodígios, as bruxas podem agir sobre os homens a ponto de transformá-los em animais?

Logo depois, são indicados os remédios contra os feitiços, além de serem citadas as questões de impotência e de frigidez.

Segundo Hansen, de todos os malefícios, a bruxaria visava particularmente à relação sexual entre homem e mulher.[113] O conceito é claro: as bruxas eram figuras castradoras, e o homem temia que elas lhe arrancassem o pênis, em meio a uma fantasia de impotência ou castração. Por intermédio da bruxa, o diabo impedia a penetração na vagina; ou, quando ela ocorria, o membro logo se tornava flácido. Além disso, o homem apaixonado poderia enxergar a mulher amada como uma figura detestável; e, assim, a ejaculação não ocorria. Sentimos nas páginas do *Malleus Maleficarum* o peso de todas as angústias possíveis, como se o homem tivesse, de fato, de combater pavorosos fantasmas e sofrer o amargo fracasso no coito:

O diabo [...] pode reprimir diretamente a ereção do membro no ato da fecundação [...] pode impedir o envio dos espíritos vitais (esperma) ao membro [...] obstruindo, por exemplo, os condutores seminais para que o sémen não alcance o membro [...] nem retorne ou seja ejaculado. [...] *Sob essa obra maléfica*, os homens são mais afetados pelos feitiços que as mulheres [...] às vezes, o membro ereto se reprime. [...] Quando a vara não mais se move e não ocorre uma relação, isso é sinal de frigidez. Entretanto, quando se move e fica ereta, mas não conclui o ato, é uma marca da bruxaria. [...] Também é ato de bruxaria quando a mulher não concebe ou aborta. [...] Especula-se se, de fato, as bruxas são capazes de levar embora o membro masculino. [...] E há argumentos convincentes de que isso acontece.[114]

Afirma o *Malleus* que o remédio estava na "purificação, no estado de graça de Deus e na vida sexual apenas e tão somente para fins de procriação e dentro do matrimônio". Mais uma vez, refere-se à escolha da Lua Branca e ao repúdio à Lua Negra. Fiel ao mito bíblico, a Lilith medieval vagava em busca de recém-nascidos e crianças ainda não batizadas, com o intuito de arrancá-las do seio familiar, matá-las e devorá-las; tudo acontecia como nos rituais das Lâmias. Os sortilégios tinham efeito mesmo a distância; e, se alguém adoecesse, havia sempre a suspeita de bruxaria. Também os campos e as colheitas eram afetados pelos malefícios.

A crença de que as feiticeiras induziam a doenças e morte se espalhava, aos sussurros, até abranger todas as mulheres, pois, embora fossem aceitas e desfrutadas, pairava uma desconfiança contra elas, sempre por causa de seus sentidos e de "suas imundícies". Não era por acaso que se recordavam desta passagem bíblica: "O diabo exerce seu poder sobre aqueles que são escravos da sensualidade".

Era sempre a perene luta contra as *paixões* da alma que Fílon de Alexandria comparava com os animais selvagens.

As feiticeiras utilizavam venenos materiais ou incorpóreos que provocavam males irreversíveis tão logo entrassem no corpo. Nas fórmulas de magia negra, podemos encontrar as poções e os filtros usados. Não era incomum uma bruxa utilizar loções diabólicas à base de terebintina, leite de cabra, falo de lobo, vulva de baleia, pó de rosas e amoníaco.

As fórmulas alternativas eram extratos de ópio, betel, beladona, cânhamo indiano, cantárida, hiosciamina. Esses filtros podiam causar graves alterações psíquicas e alucinatórias.

Como íncubo dominador ou súcubo diabólico, a bruxa saltava sobre uma pessoa adormecida ou a atacava da maneira que já foi citada. Também nesse caso, pode-se associar a visita da bruxa com a poluição noturna própria de sonhos eróticos ou pesadelos assustadores. Em 1826, Robert Burton comentou a respeito de "homens adormecidos cujo sono era perturbado pelo íncubo, ou que eram montados por uma bruxa. Deitavam-se de costas, sonhavam com uma velha se estendendo sobre eles, jogando todo o peso de seu corpo, tanto que o adormecido se sentia sufocado por falta de ar".[115]

Os homens podiam ser induzidos ao amor por meio de um filtro ou de um dos diversos amuletos.

Graças à sua capacidade de voar, as bruxas conseguiam conduzir um homem e sua mulher montados em uma vassoura ou uma cabra. Segundo Kurt Seligman, a feiticeira era capaz de curar um homem de impotência ao dormir uma noite com ele em seu leito conjugal. Se, no entanto, ela resolvesse aplicar o *malefícium*, era implacável: por meio de um único pesadelo, podia tornar uma mulher estéril ou um homem mau impotente.

O traço característico da bruxa era seu relacionamento com o Diabo. A principal acusação nos processos por feitiçaria era a de "*Pacto com o Diabo*", que ocorria por meio de um cerimonial complexo. Muitos autores defendem a tese de que o núcleo central da ligação com o Diabo era a *relação sexual*. Tal acusação já fora formulada por Nider e pelo *Malleus Maleficarum*, segundo o qual a mulher bruxa tinha uma sensualidade diabólica.

O pacto com o Diabo (o Satanás do cristianismo, que não deve ser confundido com o *daimon*) representa o vínculo entre as instintividades feminina e masculina em níveis conscientemente censurados. *Em certo sentido, o Diabo é a sombra de Deus* e, para o homem, sua esfera instintiva mais obscura, que ele prefere não viver. De fato, o Diabo será sempre sinônimo de *tentação*, *luxúria* e *mal*. Usando termos freudianos, Silberer define o Diabo com muita clareza:

> O Diabo e as figuras demoníacas sinistras dos mitos são, no plano psicológico, símbolos funcionais, personificações dos elementos reprimidos e não sublimados da vida instintiva.[116]

Consideramos interessante para o nosso tema, e também para a compreensão do nexo entre Lilith e o pacto com o Diabo, a conclusão de Ernst Jones, que afirma que a crença no Diabo representa, em grande parte, uma exteriorização de duas séries de desejos que parecem se cancelar mutuamente e derivam, com certeza, do complexo edipiano: o primeiro, o desejo de *imitar* alguns aspectos da figura paterna; o segundo, o de *desafiar* o pai. Alternam-se, portanto, emulação e hostilidade.[117] O Diabo, senhor e mestre das bruxas, seu verdadeiro *parceiro sexual*, seria, nesse caso, o animus de Lilith.

Observemos o *pacto com o Diabo*, que hoje seria parecido com o acordo entre um cliente inibido e hesitante e uma prostituta, de um ponto de vista moral fanático! Quase todas as fontes são unânimes em sua opinião sobre o conteúdo sexual do pacto.[118] O Diabo aparecia diante da mulher, e o encontro logo se convertia em um conúbio. As testemunhas contavam coisas como:

> O Diabo se encontrou com ela na forma de um homem negro e prometeu que lhe daria tanto que nada mais lhe faltaria se ela fosse sua serva. E ela de bom grado consentiu.

Uma bruxa confessa aos inquisidores, em resposta a esta questão:

> Satanás te pediu que fosses sua serva, e tu aceitaste de bom grado?.

E também:

> Satanás te pediu que fosses sua serva, e tu aceitaste de bom grado, e ele pede que renuncies ao batismo e tu aceitas de bom grado [...].[119]

A assinatura com sangue sugeria uma dependência absoluta. Era usado o sangue menstrual, ou se fazia uma incisão na pele do braço. Em seguida, os nomes eram mudados. Uma bruxa poderia ser chamada de "Joana, a boa dançarina" ou "Bárbara dos flancos quentes" e por outras alcunhas assim. O Diabo deixava sobre o corpo da mulher uma marca com os dentes ou as garras, que podia ser um sinal azul, uma cruz ou um arranhão horrendo. Margareth Murray relata as minutas de um processo:

> Despiram a velha e encontraram atrás de seu ombro direito algo parecido com a mama de uma ovelha, com dois mamilos que lembravam grandes verrugas: um sob a axila e o outro a cerca de um palmo do ombro. Perguntaram-lhe quanto tempo fazia que ela tinha esses mamilos. [...] Em seguida, examinaram A. G. e notaram, sob seu ventre, um orifício do tamanho de duas moedas, recente e ainda ensanguentado, como se dali tivesse sido cortada uma verruga.[120]

Esses eram os sinais inquestionáveis de feitiçaria diabólica. A fantasia dos juízes se esbaldava: de modo geral, encontravam mamilos nas partes mais variadas do corpo, além de verrugas azuladas. Coincidência ou não, eram vistos em zonas claramente erógenas; em 39 casos, assim estavam distribuídos: trinta na genitália, três no ânus, dois nas costas, dois no abdome, um nas nádegas e um em uma das axilas.

Assim, a bruxa se consagrava de corpo e alma ao Diabo em troca de poderes na luta eterna contra Deus.

A partir do momento em que a mulher se tornava serva do Diabo, podia cometer qualquer "crime" contra a religião, a moral, o sexo, o matrimônio e o homem.

Os rituais eram sinistros: comer crianças, praticar promiscuidade com animais (sobretudo, sapos, gatos e corujas), envolver-se em danças macabras e orgias sexuais que só o Marquês de Sade poderia conceber.

Contudo, a característica mais impressionante da bruxa é sua capacidade de se locomover com facilidade de um lugar para outro, por qualquer meio. Pode voar acima de casas, campos, rios e colinas; e é capaz de cavalgar de um modo veloz e sombrio. Ninguém a reconhece, mas todos a evitam. Aonde pode ir uma bruxa? Claro, só a um encontro com o Diabo.

É, portanto, ao Sabá que a feiticeira vai, *a grandiosa epifania das forças vitais liberadas*: o Sabá é o lugar e o festival que reproduz o evento arcaico consumado nos desertos do Mar Morto. É nele que Lilith, rechaçada, revela com raiva e furor toda a sua sexualidade ferina. No Sabá, a bruxa renova seu protesto.

O Sabá se define nestes termos: a Noite das Bruxas, a Noite de Valpurga, a Assembleia Diabólica, o Festim Diabólico, a Orgia das Feiticeiras. E quantos nomes mais?

A bruxa vive, desse modo, o evento mágico: a voz de um mensageiro anuncia o convite. Por parte de quem? Do próprio Diabo. Assim fala a bruxa Sampson:

> Entre as cinco e seis horas da tarde, eu passava pelos campos a caminho de casa quando encontrei o Diabo em forma humana, que me mandou comparecer à igreja de North-Berwich.[121]

Ou, às vezes, quem indica o local do Sabá é uma coruja, um asno, um porco ou uma cabra. Enfim, é uma festa que remete ao dia sabático dos hebreus, mas nesse contexto tudo é vivenciado com ódio a Adão e ao Deus punitivo.

A bruxa que se prepara para o encontro é Lilith, a Rainha da Noite; é Herodias, Diana, Hécate; ou pode ser Mormo, Gelo ou Empusa, mas também é "Janet, a boa dançarina"; "Mary, a curvada"; ou "Cristiane, a branca". De todo modo, será sempre a mulher que se entrega por inteiro ao arrebatamento instintual. Antes, ela se unge com um unguento específico em todo o corpo, mas principalmente nos seios, nas coxas e nas nádegas. É um bálsamo mágico, de acordo com a opinião de alguns, preparado com gordura de crianças fervidas em água com aipo, acônito, folhas de choupo e fuligem. Contudo, a receita varia e pode incluir ácaro, pentafilona, sangue de pássaro, gordura de porco, solanum sonífero e óleo. O unguento é passado com força até avermelhar e fazer arder as partes do corpo, além de dilatar os poros para que a pele fique lisa e pronta para as carícias eróticas. Outras fontes dizem que o unguento da feiticeira é esverdeado e tem um odor picante. A testa e os pulsos também são ungidos com esse óleo, e o espírito.

Enquanto se prepara dessa maneira, a mulher pronuncia palavras inomináveis, obscenas e blasfemas.

A excitação sexual começa com esses preparativos. O unguento satânico mais conhecido é composto de gordura humana ou suína e haxixe, mistura à qual se acrescentam algumas pitadas de flores de cânfora, papoula, sementes de girassol amassadas e raízes de heléboro. A amálgama é escaldada e, por fim, levada à bruxa, que a esfrega dentro das orelhas, no pescoço, sobre a região das carótidas, nas axilas e no tórax. Muitas bruxas o passam também nos seios, sob os mamilos. Em seguida, ungem as pernas, as plantas dos pés, a parte de trás dos joelhos e as cavidades dos cotovelos.

Segundo Pierre Piobb, o unguento tem a propriedade de ajudar nos procedimentos do Sabá.[122] Há também quem diga que era um bálsamo alucinatório, e, de acordo com Paracelso, o haxixe era bem aceito pelas bruxas.

No passo seguinte, a feiticeira sai do leito e da casa. Já é noite quando ela se dirige ao local do Sabá. Essa mulher pode ser uma esposa que aparentemente dorme tranquila, ao lado do incauto marido. Ou uma jovem virgem ou uma menina também adormecida que tem o sono agitado. Ou ainda uma idosa que acorda de repente. Todas, no entanto, deixam o corpo em casa e na cama e vão ao Sabá com a alma e a luxúria. Dez, vinte ou até cem bruxas se reúnem. Chegam montadas em vassouras também ungidas com o mesmo bálsamo satânico. No cabo da vassoura pode se sentar também o homem que acompanha a bruxa. Havia o costume de os dois irem abraçados. Jones menciona que, em alguns casos, o cabo da vassoura voadora era enfiado no traseiro de uma cabra. Outro meio de *voo* das bruxas era o *cavalo* preto ou branco, que podia ser avistado à noite.

A bruxa monta um símbolo claramente sexual e lascivo. O unguento, o cabo de vassoura, o cavalo e o próprio voo remetem nosso pensamento ao delírio sexual: a ereção, o ato de esfregar a genitália, as posições animais do coito e o gesto de voar como um símbolo do êxtase orgástico, de polução ou masturbação.

Assim, lemos em um cânone do Concílio de Ancira, do século IX:

> Certas mulheres perversas, escravizadas por Satanás e seduzidas por imagens e fantasias dos demônios, creem e afirmam com veemência que cavalgam à noite com Diana, a deusa dos pagãos, ou com Herodias e um séquito incontável de mulheres, todas montadas em certos animais [...].[123]

As bruxas podem voar na garupa de um porco ou de um carneiro preto. Algumas dizem que sua montaria até o Sabá pode ser um homem submetido aos desejos sexuais delas. Enfim, guiada pelo próprio instinto, iluminada por alguma razão obscura, a bruxa voa até o local do encontro. Pode levar um menino enfeitiçado e se transformar em algum animal, se necessário, para disfarçar sua identidade, do mesmo modo como faz o Diabo, que aparece como homem, bode preto, ovelha, lobo ou um pássaro estranho, até mesmo um híbrido de homem e bode.

As bruxas ingerem diversas bebidas, pode ser vinho, ou poções inebriantes, segundo as tradições. A bebida mágica é o *soma* védico, que confere beatitude e o poder de Ananda; é a *ambrosia* e o *néctar* dos gregos oferecido por Circe aos companheiros de Ulisses; é o *anel* dos nibelungos. Aliás, talvez o Sabá das feiticeiras fosse o ritual do encontro dos hereges perseguidos pela Igreja. A fantasia popular, a autossugestão com evidentes raízes psicóticas coletivas, bem como as manipulações e mistificações do poder eclesiástico, transformaram fatos e costumes em flagelo paranormal com as consequências que todos conhecemos.

Comparecem ao Sabá bruxas veteranas e novatas, levando consigo os adeptos que recebem do Diabo os poderes infernais. Onde é realizado o Sabá? Em todos os lugares citados pelas tradições locais. Em geral, o rito é feito secretamente em igrejas desertas, em meio às ruínas de casas abandonadas, ou em fazendas ou sítios em campo aberto. Diversas crônicas se referem ao Sabá realizado em castelos e até cemitérios. Murray cita grutas e prados onde eram colocadas pedras em círculos, e, no centro deles, aconteciam os ritos. Vêm-nos à mente as Noites de Sabá mais famosas: de Valpurga, na Alemanha, no dia 1º de maio; a inglesa Roodmas; a Candelária, em 2 de fevereiro; e o 1º de agosto na França e na Inglaterra, além da vigília de Todos os Santos em vários países. As assembleias são eventos de excepcional valor psicológico, e podemos tentar descrevê-las de acordo com a imaginação e as crônicas da época.

Abre-se a cena do Sabá. Mefistófeles – no poema de Goethe – convida Fausto a conhecer os mistérios da noite que cai sobre Valpurga. Envolto em um manto, sorri com deboche o Diabo:

Não precisarás de um cabo de vassoura?
De minha parte, prefiro o príncipe bode.
Nesta trilha, estamos ainda longe de nossos fins.

E os dois cavalgam até o Sabá. Goethe nos faz pensar nos grandes símbolos de nosso tema: a Lua Negra e Lilith. Olhando ao redor, Mefistófeles diz, ainda:

[...] Como sobe triste o disco da Lua Negra,
tão pouco ilumina seu fraco clarão

que a cada passo se tropeça
em alguma árvore ou rocha. [...]

E a atmosfera noturna que se insinua, entre calafrios, nesta peregrinação diabólica, contém todos os elementos do horror da feitiçaria:

São corujas ou gaios
ainda acordados? E nos arbustos,
pernas longas e ventres enrijecidos,
são salamandras?
[...] e, ah, as tropas de ratos
espalhados
entre o musgo e o urze!
[...]
Tudo, tudo gira, ou assim parece:
rochas e troncos onde máscaras
escarnecem e o fogo-fátuo
se multiplica e crepita. [...]

Pela voz de Mefistófeles em *Fausto*, talvez mais que em qualquer outro escrito, Goethe nos mostra o espetáculo da chegada ao local do Sabá, diante de uma multidão de endemoniados:

[...]
Os comensais se aproximam uns dos outros, e os ouço.
Fausto: – Que furioso é o vento! E como me golpeia na nuca!
Mefistófeles: – A noite se cobre de névoa.

Escuta como urram os bosques
E os mochos fogem de pavor.
Escuta como se esfacelam as pilastras
dos palácios sempre verdes.
Gemem e se partem os galhos.
Que estrondoso abalo dos troncos,
e como rangem as raízes
que se fendem! Medonha ruína,
[...]
Escutas vozes no alto?
Distantes? Próximas? Sim, é um rio
retumbante de cantos mágicos que desce
por toda a montanha.

E, no fim, intervêm as bruxas em coro, a poderosa voz demoníaca:

Juntas, partem as bruxas para a montanha Brocken.
Seco é o restolho, e verde a aveia.
No alto, se aglomera uma multidão.
O senhor Pincus no topo se encontra.
Ofegantes as bruxas, com cheiro de bode,
entre os cepos e as pedras se vão.

As vozes endemoniadas se alteram no coro ensurdecedor, ao qual se seguem as imagens:

Eis que sobre o lombo de um porco
Sozinha cavalga a velha Baubo!

[...]
E a ela seguem os outros! Um porco
muito robusto ela monta:
e as bruxas em cortejo!
Por qual trilha vêm elas?
Por Iesestein!
Onde espiei o ninho
da coruja. Ah,
que olhos!
Por que tamanha pressa?
Me bicou, vede
a ferida!
A trilha é longa, longa é a trilha.
Por que se espremem assim os passantes?
Forcado que espeta, vassouras que arranham:
sufoca a criança, machuca-se a mãe.

E, depois, todos em coro, bruxas e bruxos:

É na vassoura que vamos, no bordão
sobre o forcado e o bode.
Quem não se levanta hoje,
perdido está para a eternidade.

Fausto e Mefistófeles veem o séquito maldito passar:

Pisam-se, colidem-se, reviram-se, crepitam!
Assobiam, giram, passam, parolam!

Relâmpagos, fagulhas, fedor, chamas!
Todos, elementos para as bruxas!
[...]
Cresce o tumulto, se forma um turbilhão.
Tu pensas que empurra, e és empurrado.

Por fim, aparece diante dos olhos de Fausto aquela que sempre foi a Rainha da Noite. Ele se vira para o Diabo, aponta para uma figura feminina que o atrai e diz:

– Afinal, quem é aquela?

Mefistófeles, na balbúrdia do Sabá, reconhece a mulher bíblica e responde:

– Aquela é Lilith.

Fausto parece surpreso ao ouvir o nome, pois já não tem a memória arcaica do mito. Não foi por acaso que Goethe apresentou a pergunta repetida:

– Quem?

E, dessa vez, Mefistófeles diz:

A primeira mulher de Adão.
Previne-te de seus belos cabelos,
daquele esplendor que a cobre.

Com eles, ela aprisiona um jovem,
e não o liberta tão cedo.

E a bela bruxa se apresenta no Sabá. A hora do convite sempre oscila entre as onze horas e meia-noite.

No recinto, todos os convidados são atraídos por um iminente evento: a entrada do Diabo; de Satanás ou Belzebu, como ele queira se apresentar.

Aparece como um homem alto, com os pés bifurcados, como Pã, o sátiro. A aparição mais frequente é a de um bode: um animal horrível, o "Il Gran Buc", um ser demoníaco/bestial de cabeça caprina, chifres de carneiro e orelhas de asno. Traz uma vela acesa em cima da cabeça. Tem braços e tronco humanos, porém, peludos. As coxas os membros inferiores são de asno ou de carneiro. Quando o Diabo aparece, produz um arrebatamento de prazer e medo. Olha para as bruxas e os bruxos, também para o cortejo de íncubos e súcubos e, por fim, senta-se no trono, que pode ser uma pedra ou um altar profano, uma cama ou uma árvore seca. É um ser que incute terror, mas sua imagem geral emana força erótica.

Com o olhar, ele chama para si as pessoas. Elas se aproximam, ajoelham-se e lhe prestam reverências. O Diabo pede, com um gesto, uma aproximação maior: quer ser beijado. É o beijo diabólico e obsceno. Muito já se escreveu a respeito disso, mas é um dado concreto que o Diabo pede que lhe beijem nas partes do corpo mais desejadas e sentidas como as mais excitantes. É o modo supremo de expressar a dedicação àquele capaz de engravidar psiquicamente a bruxa. Outras vezes, o Diabo aparece no Sabá como um gato preto; e alguns autores ressaltam que ele vem também na forma de um ser que é metade porco e metade homem.

À sua frente, a bruxa se excita, previamente ungida com o unguento de alcaloides e alucinógenos.

Acontece o rito de homenagem com as saudações, variado e repleto de significados. A bruxa se ajoelha e beija as garras ou as presas de seu marido infernal, ou destila saliva em sua boca. Pode escolher a felação, mas geralmente o Diabo prefere ser beijado no ânus. Em seguida, a bruxa beija suas orelhas frias e seu pênis. Depois dos atos de submissão dos presentes, o Diabo se recompõe e pede que cada um lhe conte os delitos, as vinganças, os malefícios e ritos feitos até aquele momento. As respostas em coro são as mais extasiadas possíveis, uma oferenda de amor ao Senhor, um sacrifício para agradar ao Diabo.

A bruxa segura uma vela preta na mão; todas as bruxas passam diante de Satanás e cada uma acende a sua naquela que ele porta entre os chifres, ou que está fincada em suas nádegas. Há um depoimento em que se declara que o Diabo costumava conduzir reuniões na igreja, vestido de preto e com um chapéu preto na cabeça. Do púlpito, ele pregava para as bruxas e os bruxos na assembleia, dispostos em círculo e com as velas acesas. As chamas, porém, são baixas e azuis, com aspecto de fogo-fátuo. O vento as agita, como as próprias feiticeiras se agitam, com gestos de excitação erótica.

Sob determinado sinal, bruxas e bruxos se perfilam, mas logo depois voltam à formação em círculo e se movem em sentido anti-horário. É uma particularidade do rito diabólico: tudo se dá no *sentido contrário* ao habitual. Por exemplo, duas bruxas podem dançar juntas, mas de costas, sem cruzarem os olhares. Tudo é *oposto* ao normal. O Mal e as Trevas são exortados. É a prece que abre a Missa Negra.

As danças do Sabá ocorrem no fim do primeiro dia; o frenesi recorda os ritos de fertilidade, talvez análogo aos Mistérios de Elêusis ou às orgias das Bacantes de Zagreu (o primeiro Dionísio). Os convivas dançam em volta do Diabo ou de uma pedra. As bruxas gritam e correm; perdem o fôlego até sua energia se esgotar. O Diabo sopra um instrumento ou urra uma palavra de obscenidade ou violência. A dança é feita em roda; alguns giram desnudos, outros vestidos; os seios das bruxas reluzem de suor ou por causa do unguento; elas escancaram a boca de prazer, extasiam-se; de costas umas para as outras, saltam e gritam:

Har, har, har, diabo, diabo.
Dança aqui, dança aqui, toca aqui.
Toca aqui, Sabá, Sabá, har![124]

Ao mesmo tempo, ao se movimentarem, elas passam a mão *esquerda* na bacia de água "santa", que é, na verdade, a urina do Diabo; fazem *um sinal da cruz ao contrário*. O vórtice da dança é sempre mais frenético no fulgor das velas e dos corpos desalinhados. Vários instrumentos musicais são utilizados, como, por exemplo, a harpa e sobretudo a flauta, tocada tanto pelas pessoas quanto pelo próprio Diabo.

Por fim, ele se ergue em sua plena estatura, move-se devagar para exibir o traseiro que não tem nádegas, mas, sim, o rosto de uma linda mulher,[125] cuja boca é o esfíncter anal, dilatado para que todos o beijem. O pênis, segundo a regra demonológica da *inversão*, está fincado acima, no osso sacro. É um órgão horrível à vista, nem humano nem exatamente animal. Aliás, produz dores excruciantes à bruxa na hora do coito. A fantasia sempre o descreve como um falo de potência espantosa.

Do corpo do Diabo emana um fedor infernal, quase insuportável ao olfato.

O Sabá prossegue na busca incessante por prazer. Começa, então, a paródia obscena de cada sentimento: cópulas violentas, estupros, abraços lascivos e antinaturais, aberrações. [...]

O evento central, o rito erótico absoluto, é a Missa Negra. A bruxa mais bela, escolhida como rainha do Sabá, se apresenta, nua, diante dos olhares de todos, exibindo sua carne esplendorosa. Ela será o próprio altar. Deita-se sobre o manto do Diabo, imóvel. Sobre seu púbis é posta uma vela preta e sobre o ventre o cálice, uma espécie de ostensório que contém a Hóstia Maldita. Esse sacramento diabólico era previamente preparado nas nádegas de uma bruxa, com uma mistura repugnante de fezes, sangue menstrual, urina, saliva e várias excreções. É uma *confarreação*, o alimento do amor infame. A missa tem quase o mesmo procedimento da missa sagrada.

Os convivas se prostram diante do celebrante, que asperge os fiéis com vinho tinto ou sangue ou esperma, gritando: "*Sanguis eius super nos et filios nostros!*". Logo em seguida, ergue-se um coro de blasfêmias injuriosas contra Deus e Cristo.

Às vezes, uma criança é oferecida em sacrifício, ou pelo menos o sangue dela. São invocados, então, os demônios Astarote, Asmodeus, Belzebu, para que acolham a oferenda e concedam as graças solicitadas. É extraído sangue das nádegas, dos braços e das coxas das bruxas para que o Diabo o beba. Assim conta a feiticeira Issobel Gowdie:

> O Diabo me marcou no ombro, sugou o sangue de meu seio, cuspiu-o na mão, ungiu minha cabeça com ele e disse: "Eu te batizo em meu nome!".[126]

Outras bruxas relatam que o Diabo lhes dá ossos pontiagudos para se picarem em algumas partes do corpo, de onde ele suga o sangue. Na própria *cunilíngua* praticada pelo Diabo na mulher, ele morde a vulva para chupar sangue. No decorrer da Missa Negra, alguns degolam o próprio cão ou gato e o oferecem em sacrifício.

Enquanto uns oferecem uma galinha, outros oferendam animais de corte; outros ainda, cabelos ou roupas. As fórmulas mágicas mais escabrosas são invocadas. A palavra *Benedicite* chama o Diabo, *Maikpeblis* o faz desaparecer; algumas feiticeiras gritam *Robin*, e ele se manifesta; já outras invocam Satanás com a expressão "Vem, Antecessor!".

As bruxas ungem com frenesi o corpo quando a Missa Negra está prestes a acabar e chega o momento dos abraços. Esfregam-se fortemente com as mãos e clamam: "*Emen hetan, emen hetan...*", ou "*Aqui e ali, aqui e ali...*". No instante em que a Hóstia é erguida, todos conclamam:

> Aquerra goity, Aquerra goity,
> Aquerra goity, Aquerra goity...![127]

e outras blasfêmias horríveis ressoam:

Em nome de Patrick, Petrique de Aragão,
Iannicote de Castela, deixa-me beijar
teu ânus!

Iannicote é um antigo deus dos bascos e, no ritmo infernal, a frase se alterna com:

Har, har, har, diabo, diabo,
dança aqui, dança aqui, toca aqui,
toca aqui, Sabá, Sabá, har!...

e o coro clamoroso repete, de modo descontrolado:

Sabá, Sabá, Sabá!!!

Ocorrem as transformações, que são, sem dúvida, efeito dos alucinógenos. As bruxas se "transmutam" em gatos, lebres ou cavalos, mas não durante a Missa Negra. O rito termina com orgias sexuais, seguidas de um banquete. O Diabo se junta às bruxas sem fazer uma escolha específica. Nesse abraço diabólico, a bruxa goza e ao mesmo tempo sofre em demasia. Pelo que se conta, a experiência mais violenta devia ser o contato com a *frieza* do Diabo. Certas partes de seu corpo monstruoso são gélidas. Um detalhe muito conhecido, apesar de incompreensível, é que, segundo as bruxas, o esperma dele é *frio*.

Há muitas explicações para esse fato. Murray aceita, em parte, a motivação por meio da alucinação histérica, mas afirma também que, na orgia sabática e nos ritos de fertilidade da Missa Negra, talvez se usassem falos artificiais. De Príapo aos cultos fálicos greco-romanos, essa prática era sempre bastante comum.

Não podemos nos esquecer de que a grande demanda das mulheres por serviços sexuais nesses encontros devia obrigar os homens e o "chefe" a recorrer a falos artificiais e outros objetos penetrantes, que substituíam o pênis quando eles se fatigavam, e eram usados para excitar a mulher na vagina.

A fantasia erótica extravasada nesses encontros deixa registros e traços documentados. O que mais chama a atenção são sempre as descrições do membro sexual masculino. Em 1589, Alexia Dragaea confessou que seu amante, o Diabo, tinha sempre o membro duro e ereto, como um cabo de atiçador de lareira, porém sem os testículos. Essa é uma clara indicação de um pênis artificial. Outra feiticeira afirma que o membro do Diabo é fino e cônico como o de um cão, jamais como o pênis humano, porém gelado como um objeto.

Outras afirmavam que o pênis diabólico era entumecido e coberto de escamas ásperas, como as de um peixe. Também é mencionado um pênis muito comprido, grosso, retorcido como uma cobra e com a glande pontuda; como era dentado, provocava dores terríveis na bruxa por ele penetrada. Outra bruxa revelou que recebera um pênis grosso como um braço. E uma feiticeira francesa relata: "*Le membre du Diable est long et gros environ la moitié d'une aulne de mediocre grosseur, rouge, obscur, et tortu, fort rude e come piquant*".[128]

Uma bruxa confessa ter recebido na vagina o pênis do Diabo, feito de ferro ou de chifre.

Quando a Missa Negra e o banquete chegam ao fim, todas as bruxas se sujeitam ao Diabo. Sofrem não apenas os espasmos orgásticos, mas também dores lancinantes de ruptura e ferimentos. Permitem-se ser violadas pelo terrível falo, que lhes impõe tortura e sacrifício em atos de submissão suprema. Lilith queima, no espasmo da experiência proibida, a própria dor de não ser reconhecida pelo homem. O *masculino* que a negou é recuperado no delírio histérico. O Eros negado retorna no sono, no pesadelo, ou mesmo no adultério ou nos prazeres condenados.

O Diabo ainda é o instinto profundo, porém frio, recuperado na neurose que a Inquisição do positivismo científico chamará de *histeria, autoerotismo, perversão*.

Portanto, quando as bruxas gritam no Sabá, não é por mero masoquismo, mas também pela dor de viver uma *sexualidade substitutiva, patológica*, que produz frio em vez do calor humano. Depois do Sabá, contam as mulheres: "Apareceu diante de mim um grande Bode Preto com uma vela entre os chifres. Dominou-me no aspecto carnal e me infligiu horríveis dores". Uma feiticeira afirmou que o coito com o Diabo fora desagradável por causa de sua feiura e deformidade, e também porque ele lhe causou uma dor atroz no ventre. Outra fugiu do abraço porque não aguentava a penetração do membro escamoso. As bruxas ainda virgens tinham terríveis hemorragias e voltavam para casa torturadas por espasmos. A viúva Bush, de Barton, declarou que o Diabo apareceu a ela e que era mais gélido e pesado que um homem, e ele não conseguiu consumar o ato; também Ianet e

Issobel relataram que o Diabo era um homem enorme, vermelho e muito gelado ao toque. Seu pênis era frio como a água da nascente. A orgia era encerrada com a Última Ceia, cujo rito é descrito nestes termos por Haag:

> O jantar das bruxas no encerramento era uma adulteração da Última Ceia. Em uma panela, colocavam sapos, víboras, corações de crianças não batizadas ou pedaços de carne de pessoas enforcadas e cozinhavam em uma grande mistura. Havia uma preferência especial por crianças ainda vivas. Das sobras da refeição, eram fabricados venenos que as bruxas usavam para causar mal aos homens [...].[129]

Por ordem do Diabo, então, o Sabá se encerrava. O que tudo isso significava? Decerto, era tudo simbólico. Precisamos apresentar aqui uma visão histórica do Sabá, como fizemos, antes, com o mitologema de Lilith. O Sabá não era uma manifestação do satanismo nem uma prova da inferioridade perversa da mulher-bruxa. Podemos condensar um registro historiográfico, escolhido como exemplo, em que mais uma vez a feitiçaria e o Sabá eram meras cerimônias e assembleias de homens hereges ou suspeitos aos olhos da Igreja oficial. A acusação surgia de modo corriqueiro, com base na "resistência" popular espontânea, um substrato da opressão da libido e de costumes quase sempre extrovertidos e anticonvencionais. Nas palavras de Haag:

> O problema da historicidade do Sabá das feiticeiras pode, até certo ponto, ser resolvido. Só no século XVI ele passou a ser

atribuído às bruxas. Sua origem pode ser encontrada na França meridional, onde a tradição cabalística se mesclava com a magia islâmico-moura e a cultura cristã. Algumas informações vagas acerca dos costumes e práticas dos cátaros ajudaram a desenvolver essas ideias um tanto fantásticas em torno do Sabá das feiticeiras. Particularmente o *consolamentum*, a aceitação no círculo dos "perfeitos", isto é, o rito em que o noviço se ajoelhava diante do bispo, beijava um livro e era beijado pelos confrades passou a ser visto como adoração ao diabo. O desprezo dos cátaros pelo matrimônio levava alguns a crer que eles praticavam a homossexualidade, fato considerado uma impudência diabólica. Acusações semelhantes sofriam os Templários.[130]

A Lilith da Idade Média, a bruxa, contudo, não tinha como se fazer ouvir. O grande número de mulheres queimadas vivas como feiticeiras ou endemoniadas pela Inquisição jamais será esquecido. A mulher, que deveria ser o espelho da alma e do corpo para o homem, ainda era "amarga como a morte", pois evidenciava o nó que o orgulho masculino não queria desatar. Era intolerável para a Inquisição que a mulher tivesse encantos e desejos sexuais; aliás, intolerável até a ideia de que ela tivesse uma alma – e como isso era discutido! Tenha sido por razões sociais, demográficas, religiosas ou outras, o fato é que a Lilith medieval fazia sentir de modo mais evidente sua insatisfação, bem como o desamor do homem.

O resultado final, como escreve Jones, foi um sentimento de medo e de ódio contra as mulheres que eram dotadas de forte sexualidade ou transbordavam de raiva por estarem insatisfeitas, serem ignoradas ou oprimidas pelo homem opressor.

A bruxa padecia de todos os males possíveis; era uma criatura acometida de psiconeurose, sem dúvida, e com Freud se podem reconhecer nas participantes medievais do Sabá todos os sintomas da histeria de conversão. Desse modo, Torquemada e outros tantos inquisidores viam na bruxa aquilo que Charcot ou Bleuler viriam mais tarde, no século XIX, nas aulas de medicina, ao examinarem a paciente histérica: sintomas que representam o coito, além de bulimia, perversão, anorexia nervosa, vômito de objetos estranhos como agulhas e outros, *globus histericus* (sensação de uma "bola" na garganta), conversão histérica, gravidez histérica, tremores generalizados, estupor catatônico, catalepsia, diversos tipos de amnésia, sonambulismo, narcolepsia, mitomania, *taedium vitae*, pessimismo, despersonalização, cisão endopsíquica, dislexia ou afasia, coprolalia, ecolalia etc.

> Sintomas que, segundo afirmaram recentemente Babinski e outros, nunca se manifestam a menos que criados de modo artificial por meio do *adestramento* de médicos fiéis às tradições de Salpêtrière. A descrição dos surtos epilépticos e os subsequentes sintomas das monjas de Louviers coincidem perfeitamente com o relato de ataques histéricos que lemos nos textos modernos de medicina [...].[131]

A partir da famosa Bula papal de Inocêncio VII, de 1484, e da publicação do *Malleus Maleficarum* de Sprenger e *Institoris* em 1489, instituiu-se a caça às bruxas. Na verdade, foram três séculos de Lua Negra, período em que os homens viveram na mais absoluta cegueira! Segundo as estimativas de Vigt, 9 milhões de mulheres morreram na fogueira. Já Soldan fala de *alguns milhões de vítimas*. Só Torquemada deve ter condenado às chamas cerca de 10.200 bruxas no período de duas décadas, e mais 100 mil foram levadas à forca.

Um massacre assim nunca fora visto até então, tendo superado qualquer outra investida sanguinária e talvez apenas se igualando em ferocidade ao confronto e ao genocídio antissemita da Segunda Guerra Mundial.

Na verdade, foi a postura antinatural da Igreja nos conflitos com o tema da sexualidade, somada ao trabalho da transformação feudal, que determinou a destruição de tantas mulheres. E essa epidemia só foi se dissipando com o tempo.

As últimas mulheres condenadas por bruxaria foram mortas em 1836 na Alemanha e, em 1850, na França. Na América do Norte, as últimas bruxas ainda eram queimadas vivas até 1877!

Por estranho que pareça, ainda existem bruxas, e a consciência feminina de hoje as traz de volta em nossa imaginação. As bruxas modernas são mais discretas e zelosas com suas práticas. Uma estimativa recente aponta que na Inglaterra haveria ao menos 10 mil bruxas. Suas práticas reclusas, porém, se concentram em magia branca e têm objetivos inofensivos e filantrópicos. Entretanto, elas mantêm a estrutura das assembleias e o ritual da dança circular em volta de uma fogueira nas noites enluaradas. De mãos dadas, bruxos e bruxas dançam e entoam palavras mágicas. Assim como na Antiguidade, as feiticeiras modernas veneram

Diana, Hécate e algum deus solar. Acreditam na reencarnação de um deus profano que trará ao mundo a verdadeira feitiçaria. Este poderia ser Lúcifer, o *Sol Negro*, unido em matrimônio à *Lua Negra*. A base dessa concepção remonta ao mito de Perséfone somado às tradições druídicas.

As bruxas contemporâneas seguem o calendário do Sabá medieval. Elas se reúnem na vigília do 1º de maio; no Dia de Todos os Santos e também em 2 de fevereiro, dia da Candelária.[132]

Gostaria de concluir citando as palavras de Herbert Haag, que talvez resumam a posição crítica a ser adotada quanto à questão de Lilith como bruxa. São conjecturas que podem se referir a um julgamento retrospectivo da Idade Média, mas também se aplicam hoje, levando-nos a refletir sobre determinadas manifestações da psicologia coletiva.

Na caça às bruxas, tem papel muito importante aquilo que pode ser em geral descrito como "a luta do coletivo contra uma minoria", quando a fraqueza e a impossibilidade de se defender avivam a agressividade. Não faz muito tempo, em uma análise conduzida sobre uma bruxa no século XX, Oskar Pfister, ministro luterano suíço e psicanalista leigo, considerou a crença nas bruxas "uma interpretação metafísica péssima de concepções próprias do âmbito da psicologia e da psicologia profunda". Algumas bruxas eram, sem dúvida, mulheres histéricas, ou vítimas da mania de perseguição; e não podemos também excluir, em outras, um entorpecimento da consciência causado por narcóticos. Mais importante ainda deve ser a análise do comportamento sexual patológico, como o que observamos na caça às bruxas e que, na verdade, está mais presente nos perseguidores que nas perseguidas [...]. As orgias, a perversidade e a obscenidade da bruxa, fossem reais ou imaginárias, eram descritas nos mínimos detalhes, o que oferecia aos cristãos e sobretudo aos padres e outros celibatários uma espécie de satisfação substitutiva e compensatória dos desejos sexuais que lhes eram proibidos.

Do ponto de vista psicológico, a própria justiça aplicada por meio da tortura deve ser analisada sob o ângulo do medo que o homem, escravo dos preceitos da Igreja, sentia diante da mulher sexualmente atraente, a qual, no fundo, ele desejava. Esse medo torna os homens sádicos.[133]

6

Lilith na Cultura Contemporânea

☾

O Iluminismo, ou a Era das Luzes, a partir do século XVIII, não foi suficiente para apagar da memória o grande vazio que ocorreu na consciência coletiva à custa do "feminino". Ainda vista como alma sombria e Eros negativo, Lilith rompe as grades do inconsciente e reassume seu espaço psíquico no desenvolvimento da cultura contemporânea. E, mais uma vez, questiona o homem na carne e na psique. Exige a reparação e enfatiza de uma maneira nova a cisão do arquétipo. O mitologema transcende o campo do racional e não se sustenta sequer pela facílima etiqueta de "irracional" que o materialismo científico, com sua defesa maniqueísta, impõe a tudo que não seja verificável em laboratório. Nem bem foram extintas, há pouco tempo, as fogueiras para as bruxas, Lilith já retorna como uma amplificação dos mitos lunares associados à temática sexual.

Ela se manifesta no âmbito cultural ao despertar do século XX, em campos criativos oriundos dos domínios da razão pura, bem naquelas áreas em que o homem abre um caminho novo, fascinante e inédito para investigar seu mundo interior, nunca antes questionado em camadas tão profundas. É aí que se encontra Lilith. Na psicanálise freudiana, na psicologia junguiana, bem como na filologia livre de limites estreitos e na arte, em que o Surrealismo e o Dadaísmo abrem espaço para o inconsciente, Lilith retorna de modo ainda mais evidente – como mito e simbologia – na pesquisa teórica astrológica orientada pelo sincronismo.

Vimos até agora Lilith irromper nas tradições como energia numinosa e como experiência do medo que o homem aguentava de modo passivo, como expressões de conflitos endopsíquicos inexplicáveis. Diversas divindades femininas eram temidas como forças interiores contrastantes e opressivas, polarizadas nos grandes mitos lunares. Vimos as Amazonas e as bruxas como símbolos de identificação com o *animus* em oposição ao masculino. Enfim, em meados do século XIX e no decorrer do século XX, temos Lilith mais uma vez indicando a alienação e, depois, o despertar da consciência feminina, numa nova tentativa de recuperar a unidade originária em uma androginia endopsíquica.

No entanto, a abordagem de Lilith mudou a partir de Freud e Jung. Ela já não é mais vista como uma divindade exclusivamente ctônica e arcaica, mas é analisada na qualidade arquetípica da alma cindida, relegada ao arquétipo mais originário da Grande Mãe ourobórica bivalente, que reflete a rejeição parcial dos instintos e a censura dos impulsos sexuais. Com os estudos de Jung, Neumann e Hillman, penetra-se mais a fundo a estrutura da polaridade *anima-animus*, depois que os pioneiros da psicanálise – Jones, Reik, Silbere, Abraham – abriram caminho para a análise dos mitos.[134] Toda a mitologia do feminino passa a ser considerada testemunha de uma luta incansável do homem contra o instinto e a consequente repressão. Daí derivam variadas questões. Seria oriunda, talvez, de histórias traumáticas na infância dos homens? Seria apenas uma transgressão moral à cultura patriarcal, seguida da destronização das mães, ou seria de fato uma catástrofe ontogenética? E eis que se repete o "não" ao deleite, ao prazer dos impulsos. A criatividade transborda. O objeto do desejo, o ato de desejar e o ser desejado sofrem a censura e a repressão, e, para se chegar a eles – às portas das grandes descobertas acerca do inconsciente –, ainda se atribuem às diversas personificações da alma (ou da *anima*) predicados, qualidades e as formas mais desagradáveis ou destrutivas, culminando com a repulsa e a rejeição da experiência.

Lilith retorna no século XX, mas continua protestando. A consciência do homem adormecido é atormentada pelo pesadelo, não mais pela voz suplicante de Lilith, mas por um sussurro lúbrico, irônico e perverso dos monstros internos: é a voz do instinto negado, o prazer e o deleite do corpo ludibriados, transformando-se em neurose e na liturgia da morte, enquanto a beleza do dionisíaco se transmuta em indecência, uma reversão dramática. Os semblantes outrora delicados convertem-se de novo em formas monstruosas ou costumes "inconvenientes".

A separação entre masculino e feminino entendida como uma ruptura da unidade paritária original se insinua junto à imagem de Lilith bem no momento em que o homem irracional decide encarar a descida ao próprio inconsciente e explorá-lo não em nome do pai e da lei, mas de si mesmo e da centroversão, rumo à nova consciência, na qual será oportuna a soldagem da polaridade.

Se, por um lado, os psicanalistas aludiam ao binômio Lilith-
-Eva no tema consciente dos conflitos instintivos e indicaram o
caminho para o redirecionamento das pulsões reprimidas, os psicólogos que se aprofundaram mais, por sua vez, abordaram de maneira mais extensa toda a mitologia lunar a partir da observação do
arquétipo que, na cisão, se evidencia com dramática lucidez:

Se há, à esquerda, uma série negativa de símbolos, a Mãe da
Morte, a Grande Prostituta, a Bruxa, o Dragão, Moloque, à
direita, se encontra uma série oposta, na qual vemos a boa
mãe, que, como Sofia ou a Virgem, traz alguém ao mundo e
o alimenta, conduz ao renascimento e à salvação. De um
lado, Lilith; e do outro, Maria. De um lado, o sapo; do outro,
a deusa. De um lado, um pântano sangrento; do outro, o
Eterno Feminino.[135]

Eis que estamos diante do último questionamento no que se
refere à cisão. Entramos no drama psíquico, e a indagação analítica recai sobre essa *dualidade*, esse evento que determinou o es-
magamento da individualidade. A disposição para descer até as
regiões obscuras em que vive e fala nossa Lilith é mais uma vez
uma epopeia, a busca incansável da alma na tentativa de reabilitação. Depois que a psicologia aprofundada nesse tema nos mostrou o que de fato acontece, entendemos que aquilo que se
manifesta do "feminino" interno nunca mais se apaga, não se torna partícipe ou cúmplice de um desenvolvimento integrativo endopsíquico, nem nos devolve aquela liberdade total de expressão
que celebra o advento de uma epifania do deleite.

Nos séculos posteriores à Caça às Bruxas, todos os aspectos do mitologema de Lilith continuaram excluídos da consciência, relegados à sombra coletiva, como polo negativo que deveria ser rechaçado e combatido, pois simbolizava o Mal em sua mais vívida expressão. Não havia ainda sequer a mínima reflexão sobre o tema; e a dicotomia lacerante, fonte de contínuas fragmentações psicopatológicas, permanecia ativa. O homem dos últimos séculos tinha uma identificação maior com o lado da luz, exaltando o polo do Bem. Contudo, no conflito com o instintual, vivia o caminho heroico do "resgate" e uma possível transcendência; enquanto o arquétipo, na sombra, reforçava, por conseguinte, o chamado não atendido, gerando neuroses e psicoses. Veremos um exemplo como prova dessa dialética na análise das fábulas europeias e de uma determinada pedagogia do século XIX!

Um primeiro indício de superação desse rígido contraste e da constelação parcial surgiu, como já afirmamos, com o trabalho de desvendamento psicanalítico. Hoje, nos permitimos entender que a consciência individual está mais desenvolvida e julgamos que é capaz de se manter na senda aberta.

Quando chamamos Lilith de volta ao Mar Vermelho, voltamos o olhar para a imagem arcaica do feminino, odiada e temida, sempre negada; e, quando a enfrentamos em nós mesmos, vivemos um processo chocante de reintegração ao arquétipo total, cientes de que teremos de superar imensas resistências.

Citamos Neumann, a propósito, porque ele parece ter destacado justamente a questão que nos interessa hoje também no sentido histórico. É, de fato, uma escolha clara e específica da angulação útil em que nos encontramos. Apesar de nos fixarmos no lado luminoso, de "saúde", escolhemos, desta vez, romper o pacto hipócrita, remover o disfarce, abolir as falsas liturgias e nos situarmos também – repito, *também* – do lado da *primeira* companheira de Adão. Ousamos chamá-la de volta ao nosso meio, subtraindo-a do demônio, livres do vínculo de nossa dependência ao Pai; enfim, maduros. Colocamo-nos do lado do arquétipo reprimido, ou seja, da "doença", que é, na verdade, doença criativa, agora, não mais em uma polarização unilateral forçada, mas, sim, decididos a direcionar esse polo para a luz.

O século XX viveu uma tentativa da reabilitação simbólica do feminino na assunção dogmática de Maria ao Céu, mas faltava uma indicação correspondente no outro vetor para a direção verticalmente oposta, a descida ao Inferno, a fim de proclamar a realidade de Lilith. Foi nesse momento que se reconfirmou no âmbito psicológico a fratura improdutiva que exige uma correção: a serpente não será mais esmagada sob os pés da boa mãe, pois é a própria Eva. Se, porém, a víssemos finalmente como Lilith-Lua Negra, talvez a serpente resgatada nos restituísse a Sofia.

Assim, por uma nova abordagem, Lilith ressurgiu na consciência de maneira tão prepotente nas últimas décadas que, hoje em dia, faz parte dos costumes das massas como imagem folclórica da reabilitação do feminino e símbolo da emancipação da mulher.

A mudança de perspectiva não é inexplicável, ainda que seja supérfluo indagarmos por que certos conteúdos reprimidos ressurgem mais em determinados momentos históricos que em outros. Será que a mudança se deve a modalidades novas e mais estimulantes, com as quais os psicólogos confrontam, de um modo geral, o *mito* também no nível de mitopoesia? Vejamos, em síntese, o parecer de Hillman sobre o confronto entre filologia e mito:

> A moderna filologia acadêmica condena o escopo de ação demasiado amplo das hipóteses [...], desaprova o estudo comparado dos motivos, que, ao contrário, é um princípio básico da psicologia profunda. Os acadêmicos insistem em competências específicas: um mito, um motivo, uma figura devem ser estudados no contexto histórico, cultural, textual, linguístico, econômico, formal, sociológico e por aí vai. É execrável confrontar um motivo ou uma figura mítica com os de outro período, outra região ou cultura, ou mesmo considerar um mito, um motivo ou uma figura algo relevante para a psique humana e sua imaginação. Para a psicologia mais aprofundada [...] temas e personagens da mitologia não são simples objetos de conhecimento, e sim realidades vivas do ser humano, que existem como *realidades psíquicas*. A psicologia mais aprofundada recorre à mitologia mais para aprender sobre nós mesmos no presente que sobre os outros no passado.[136]

Decerto essa nova modalidade de observação, que acredito ter assumido neste estudo, me permitiu quebrar resistências e esquematismos, cancelando a censura cultural referente ao mitologema de Lilith e, assim, deixando a imaginação ativar as vibrações psíquicas em torno dessa história, que é a história de um íncubo e tem a ver com a história da alma. Além disso, há uma contribuição ainda mais ativa a essa abordagem psíquica no modo mais vivo e criativo de compreender o *instinto* e, daí, toda a *instintividade*.

O instinto é visto mais como uma metáfora e uma espécie de *deus da natureza* em nosso interior (Hillman). Jung permitiu-nos sair de uma avaliação muito rigorosa da dinâmica do instinto, retirando-o da teorização e combinando o modelo arcaico forçado com as imagens arquetípicas. Institui-se, enfim, uma interação altamente criativa: o instinto *age* e plasma uma *imagem* da ação. Essa imagem, com suas cargas energéticas potentes, desencadeia as ações que determinam *representações* ou *personificações*; portanto, as ações parecem modeladas de acordo com as imagens. O resultado é que *cada transformação de imagem incide nitidamente sobre os comportamentos*.

Quando consideramos, então, a história de Lilith, tanto por uma perspectiva psíquica mediante as fantasias, as camadas do mito, os sonhos, quanto na qualidade de representação sincrônica astrológica, remetemo-nos ao instinto por meio da ação; e o processo de transformação efetuado pelo imaginário induz a modificações comportamentais justamente por ter modificado o instinto em seu modo de agir. Esse é o caminho para investigarmos o mito reprimido; e com certeza descobriremos mais sobre nossa própria alma se liberarmos a imaginação.

Hillman estuda no grande deus Pã a mesma psicopatologia de Lilith em um discurso a respeito da natureza, do instinto e dos festivais pânicos, quando nos é permitido viver a própria experiência patológica como um modo de retornarmos, por fim, àquela parte de nós consignada ao esquecimento e que não ousamos reconhecer.

Na cultura ocidental, apoderamo-nos do mistério que rege o sonho e o pesadelo e nos familiarizamos com o delírio e seus códigos simbólicos. Mediante análise profunda, estendeu-se o diálogo com a sombra coletiva de verdadeiros tesouros enterrados. E ali está Lilith, a Lua Negra.

Assim se explica também o despertar da consciência feminina, que mais uma vez faz a pergunta ao homem: "Por que devo ficar embaixo de ti se fui criada como tua semelhante?".

Nem precisamos exemplificar todas as manifestações dos temas sobre Lilith presentes hoje tanto na consciência individual quanto na memória coletiva, mesmo porque correríamos o risco de uma análise insuficiente por falta de documentação. Sabemos, porém, que Lilith "circula" na consciência; escrevem-se textos sobre ela bem como peças teatrais sobre seu drama, e ouvimos ecoar uma expressão peculiar: "Tremei, tremei, as bruxas voltaram!".

E enquanto a mulher se empenha em expandir a própria consciência e, com isso, deixa transparecer o arquétipo da mensagem bíblica, não é por acaso que brotam na cultura "masculina" dois temas importantes: o *amor* e a *morte*.

Lilith ainda está presente como Lua Branca e Lua Negra. E o homem circula em torno do amor e da morte enquanto escuta Lilith e reage com o Eros e a castração. Mas é uma escuta libertadora mais autêntica e uma intenção mais consciente de um encontro amoroso.

Enquanto a pesquisa psicológica sensibiliza o arquétipo subjacente a Lilith, observamos um retorno interessante ao *opus* astrológico, em que Lilith-Lua Negra representa em toda a sua valência simbólica o tema mitológico bíblico e a questão psicológica, lida como a "parte" do feminino destrutivo e demoníaco, contrária aos valores da luz da Lua tradicional, sobre a qual se projeta a representação "boa" da mulher. Na astrologia, a imaginação humana procura o mitologema de Lilith, ainda que de modo unilateral, e achamos útil referirmo-nos a isso porque o *opus* astrológico, usado não com fins divinatórios ou terapêuticos, permite a participação do processo imaginativo que abordamos antes.

O mito da primeira companheira de Adão entrou na astrologia em tempos remotos, mas não há nenhum documento que forneça uma data história específica. É definitiva a presença de Lilith-Lua Negra até a Alta Idade Média, pois, em consonância com o processo de repressão sexual da época, ela foi, a princípio, censurada e, depois, removida pelos estudiosos da astrologia, embora nunca se tivessem abandonado as pesquisas por completo. No início do século XX, ressurgiram os estudos teóricos em busca do satélite no espaço astronômico, fosse um objeto astrofísico ou um *local simbólico da projeção endopsíquica do mito, de acordo com a lei da sincronicidade*, também estudada por Jung.

O discurso astrológico sobre Lilith se fundamenta em uma antiga suposição a respeito da Lua: ela teria uma ou mais "irmãs"? Há muito tempo que esse alegado segundo satélite serve de exemplo da tentativa de materializar o mito de Lilith-Lua Negra, movida por um positivismo científico que é alheio às experiências do processo imaginário. Em outros momentos, o "segundo satélite" foi identificado como *a face oculta* da Lua. Os astrólogos ainda procuram, com grande seriedade científica, esse astro no céu, mas com certeza é um satélite interior à psique profunda, projetado no zodíaco, no qual as constelações são traçadas em pontos astronômicos. Pois Lilith-Lua Negra *age* como todos os planetas-símbolos da astrologia.

A hipótese de um segundo satélite lunar já fora formulada pelos antigos egípcios, os quais lhe atribuíam um nome um tanto incerto, Néftis, que é relacionado à mitologia lunar. Por volta de 1625, o astrônomo Giovanni Battista Riccioli, de Ferrara, afirmou ter descoberto um astro *negro* como satélite lunar, mas não há fontes seguras de tal informação. Todas as teorias posteriores são vagas, e nenhum estudioso tem hoje uma palavra definitiva quanto à *real* existência do satélite Lua Negra. Todos os que quiseram abordar a questão, na tentativa de entender o significado de Lilith-Lua Negra, fizeram pouco mais que especular.

Raros observadores retomaram o debate: o pequeno astro ficaria invisível em seu curso pelo espaço, mas seria notado (ou poderia ter sido) durante o plenilúnio como nada além de um pequeno ponto em destaque sob a luminosidade lunar. [...] Essa aparição ocorreria a cada oito anos, mais ou menos. Dizem que um astrônomo de Greenwich, em uma noite escura de 1900, notou uma sombra sobre a Lua. Por volta de 1920, Max Valier trouxe o assunto à baila; e próximo a 1950, foi a vez do professor La Paz, diretor de pesquisas meteóricas do Novo México. São atribuídos estudos com resultados insatisfatórios ao astrônomo alemão Walterlath e ao matemático V. Norot. Enfim, em 1961, o astrônomo V. Kordylewskij comentou que, assim como existem os planetoides gregos e troianos no sistema Sol-Júpiter, perto dos dois pontos de "libração" (chamados pontos de Lagrange), também no sistema Terra-Lua foram observadas duas tênues nebulosidades luminosas, cuja existência, porém, permanece ainda em dúvida.

As "quatro luzes" foram consideradas nuvens de partículas de substância cometária e constituiriam, junto à Lua, cinco satélites naturais de nosso planeta.[137]

Estudos valiosos sobre a Lua Negra foram conduzidos por pesquisadores como R. Desmoulins, R. Ambelain, L. Millat, Don Neroman, F. Capone, J. Vernal, M. Bustros e outros.[138] Todos concordam que é necessário esclarecer as definições. Assim, depois de um debate em torno dos termos – Lilith ou Lua Negra, ou uma fusão dos dois –, foi escolhido o nome atual, sendo Lua Negra uma referência à *Lilith imaterial, constituída do segundo vácuo na órbita astronômica lunar*. Não nos estenderemos nesse argumento específico, mas podemos dizer que, com base nessas teorizações, existem as efemérides astronômicas de Lilith. Deixamos a questão para os especialistas, mas insistimos que é oportuno acolher os dados do fato *realmente psíquico*: Lilith e Lua Negra existem como símbolos e significados astrológicos projetados no Zodíaco que funcionam na psique inconsciente de quem faz um mapa astral com interesses psicológicos e constitui, daí, um fato psicodinâmico. O foco que não podemos perder é o pressuposto mitológico e a função simbólica da Lua Negra: a argumentação astrológica fica para segundo plano e brota da energia psíquica inconsciente aplicada ao núcleo arquetípico.

A meu ver, a "existência" do segundo satélite lunar tem validade somente no *plano psíquico do homem*, onde tal existência é experimentada de modo subjetivo. Sobre a Lua Negra astrológica, podemos dizer o que J. C. Baroja afirmava a respeito das bruxas: "A bruxa só existirá enquanto existir alguém que acredite piamente nos efeitos de seus atos". Parece-nos sugestivo e importante para a psicodinâmica. O homem *também* existe na medida em que sente e experimenta de modo subjetivo, e esse patrimônio de experiências lhe pertence, ainda que falte uma verificação objetiva externa para codificar e endossar o que será ou não aceito.

Se considerarmos a astrologia como um mecanismo sincrônico relacionado a um complexo de analogias e correspondências de significados-significantes, poderemos nos dar ao luxo de experimentar se há ao menos uma correspondência de sentido entre a Lua Negra que conhecemos das efemérides dos astrólogos e a *realidade psíquica do mito bíblico que faz parte do inconsciente coletivo*.

Se examinarmos por um momento algumas interpretações da Lua Negra tradicional, logo teremos uma ideia psicológica de quanto ela reflete de modo maciço, na consciência comum, o tabu mítico e a repulsa a esse astro "negro", símbolo da perigosa feminilidade! Isso explica muito bem como fica a situação, no plano imaginário, quando deparamos com um símbolo do arquétipo cindido referente a Lilith. Vejamos, a seguir, um pequeno trecho de uma prosa escrita em 1940 bastante sombria, que, com eloquência mordaz, oferece um bom repertório à psicologia profunda:

> Há alguns séculos, os astrônomos descobriram um segundo satélite de nosso planeta. Foi denominado Lilith por ser escuro como o Estige dos antigos e também porque o nome Lilith é atribuído à primeira e ferina mulher de Adão. [...] Não é uma sombra, mas um astro errante. A lua infernal, que não deve ser confundida com Hécate, tem influência maligna. Sua cor de cobre dá uma ideia de nuvem negra, de um

vampiro. É uma rainha dos demônios, padroeira dos necromantes e causadora de desgraças. Lembra as noites de pavor, com sua legião de fantasmas. Sem dúvida, é arriscado atribuir aos astros recém-descobertos uma influência *a priori*. Só as constatações da experiência, seguidas de extensas comparações, permitem uma definição. Alguns autores afirmam que Lilith provoca um forte estímulo intelectual e causa sensualidade excessiva, que pode culminar em depravação, loucura, suicídio e até delito sádico.[139]

Parece evidente, nessas palavras, um fantasma cultural que gira em torno da repressão, lembrando-nos do *Malleus Maleficarum*. Reencontramos, intactos, os elementos do folclore: a "malignidade" de Lilith, o *obscuro*, o vampirismo, o domínio por parte dos demônios e o aspecto noturno. A mesma atitude psicológica de negação. Essa rainha da noite age, portanto, na astrologia do século XX como um fator psicossexual patológico e de desvio de comportamento. A tradição contrária ao instinto se mantém inalterada porque a Lua Negra ainda é a espada no flanco dos que temem a Deus; ainda é o espantalho diabólico dos instintos que fazem o homem "decair". A consciência coletiva se defende da ferruginosa Lilith, condenando-a e dela fugindo. Desse modo, as interpretações de Lilith ainda brotam de comportamentos agressivos inconscientes a serviço do Eu contra as investidas da libido. É fácil identificar aí um mecanismo de *defesa*, pois a postura dos intérpretes é, acima de tudo, uma reação à angústia e um acobertamento eficaz dessa mesma reação, mediante racionalizações. Claro que todas as virtudes ainda são identificadas com a Lua "boa", aquela que brilha no céu, sobretudo quando é cheia! Esta pode ser uma antologia concisa das interpretações tradicionais relativas aos horóscopos: "Lilith na Casa I: pessoa mentirosa, com tendência para luxúria e sensualidade pesada e complexa"; "Casa II: lucros oriundos do vício ou de coisas amorais ou imorais"; "Casa III: relações imorais com pessoas pervertidas em ambientes nefastos com orgias"; "Casa IV: histórias ilícitas em família, adultério"; "Casa V: sexualidade violenta, perversa, dada à imaginação, prazer em amores complicados, parceiros dissolutos. Libertinagem"; "Casa VII: união escandalosa, ignóbil. Possível concubinato ou adultério. Perversão em família, casamento desestruturado"; e assim por diante.

No signo de Escorpião, a presença da Lua Negra leva um astrólogo reprimido a dizer: "Excessos sexuais que abreviam a vida. Com Lilith em má posição, ocorre doença venérea mortal. Perigo de envenenamento ou morte em epidemia por micróbios".

Outros afirmariam: "A Lua Negra provoca tentações misteriosas, possível ação de súcubo ou íncubo". Essa é a mais ameaçadora codificação da sombra que perdurou até poucos anos atrás. Na astrologia atual, a situação é diferente. O mitologema não é mais um símbolo terrível de expiação e repressão, mas, sim, a voz de uma *energia parcial relacionada aos instintos e que deseja se integrar*. A referência à sexualidade ainda impera e, em decorrência disso, ocorre uma confusão entre os conceitos de "feminino", instinto e sexualidade. Os autores contemporâneos transpõem os valores de Lilith-Lua Negra no plano da psicologia profunda e devolvem ao mitologema, como símbolo astrológico, todo o seu valor originário. Vejamos o escopo de algumas interpretações atuais: "Lilith produz uma sensualidade viva, que estimula a vida cotidiana, e o sujeito pode exprimir uma forte personalidade"; "a Lua Negra é uma possível manifestação negativa para a família; entretanto, pode estimular no sujeito uma experiência comunitária fora dos esquemas convencionais". Mais libertadora ainda é esta interpretação: "Em Escorpião, Lilith representa a força do sexo e do erotismo, que podem se manifestar com grande passionalidade. O karma, nessa configuração, pode impor uma experiência autodestrutiva em um sentido ou outro, dando lugar, assim, à ressurreição. As sublimações têm um caráter muito criativo". Para nós, é interessante constatar como os astrólogos veem a relação de "aspecto" entre Lua Negra e Lua ou Vênus, que no caso negativo é vista nos neuróticos obsessivos e fóbicos, bem como nos temas dos artistas, como no caso dos "doentes criativos". Hoje em dia, alguns autores colocam em evidência dificuldades psíquicas herdadas do casal genitor, quando Lilith tem uma relação negativa com o Sol e a Lua. O caminho certo para a recuperação do polo lunar é, assim, identificado. Já não simboliza mais uma energia totalmente destrutiva, mas, sim, uma força obscura que deve ser compreendida e integrada, mesmo que rompa com os modelos comportamentais tradicionais.

Notas

1. *Il libro dello Zohar*, organizado por J. de Pauly, Atanor, 1978.
2. *Ibid.*
3. *Commento alla Genesi*, Berešît Rabbâ, organizado por T. Federici. U.T.E.T., Turim, 1978, p. 70, I.
4. *Ibid.*, p. 76, II.
5. Jeremiah, Alfred. *The Old Testament in the Light of the Ancient East.* Londres, 1911.
6. Benz, Ernst. *Adam*, s. e. Mônaco, 1955.
7. *Commento alla Genesi*, *ibid.*
8. *Ibid.*
9. Reik, Theodor. *Psicoanalisi della Bibbia.* Garzanti, 1978.
10. *Commento alla Genesi*, p. 120.
11. *Ibid.*, p. 126.
12. *Ibid.*, p. 136.
13. Hillman, James. *The Myth o/ Analysis.* Evanston, Illinois, 1972. Trad. it. *Il mito dell'analisi.* Adelphi, Milão, 1979.
14. Reik, *op. cit.*
15. *Commento alla Genesi*, p. 71.
16. *Ibid.*, p. 71
17. *Ibid.*, p. 137.

18. *Ibid.*, p. 142.

19. Graves, R.; Patai, R. *I miti ebraici*. Longanesi, 1977.

20. *Ibid.*

21. *Commento alla Genesi*, p. 69.

22. *Ibid.*, p. 100.

23. *Ibid.*, p. 142.

24. *Ibid.*, p. 137.

25. *Ibid.*, p. 142.

26. *Ibid.*, p. 141.

27. *Ibid.*, p. 157.

28. *Alpha Beta*, *op. cit.* por Graves; Patai.

29. Graves; Patai, *op. cit.*

30. *Ibid.*

31. *Ibid.*

32. *Ibid.*

33. *Il libro dello Zohar*, *op. cit.*, p. 74.

34. *Commento alla Genesi*, p. 149.

35. *Ibid.*, p. 161.

36. Graves; Patai, *op. cit.*

37. *Ibid.*

38. *Testi Sumerici e Accadici*, organizado por G. Castellino, U.T.E.T., Turim, p. 325.

39. Cohen, A. *Il Talmud*, Ed. Forni, 1935.

40. Neuman, Erich. *The Great Mother*. Routledge, Londres, 1976. Edição italiana: *La grande Madre*, Astrolabio, Roma, 1980.

41. Cohen, *op. cit.*, p. 314.

42. *Ibid.*

43. *Ibid.*

44. Bassi, Domenico. *Mitologia Babilonese Assira*, Hoepli, Milão.

45. Jones, Ernst. *Psicoanalisi dell'incubo*, Newton Compton, Roma, 1978.

46. *Testi Sumerici e Accadici*, p. 334.

47. Bassi, *op. cit.*

48. *Testi Sumerici e Accadici*, p. 563.

49. *Ibid*, p. 605.

50. *Ibid*, p. 615.

51. *Ibid.*, p. 621.

52. *Ibid.*, p. 671.

53. *Ibid.*, p. 701.

54. Absolutamente indispensáveis para a compreensão do mito lunar e da consciência feminina são as obras: Neumann, E. *La psicologia del Femminile*, Astrolabio, 1975; Neumann, Erich., *Storia dele origini della coscienza*, Astrolabio, 1978; mais analítico nos confrontos do mito: Harding, Esther. *I misteri dell donna*, Astrolabio, 1973.

55. *Testi Sumerici e Accadici*, p. 94

56. *Ibid.*, p. 359.

57. *Ibid.*, p. 465.

58. Harding, Esther. *I misteri della donna*, Astrolabio, Roma, 1973.

59. *Il Libro dei Morti degli Antichi Egiziani*, Ceschina, 1953.

60. Kerényi, Karol. *Prolegomeni allo studio critico della mitologia*, Boringhieri, Turim, 1964.

61. A literatura mitológica e crítico-histórica sobre a deusa lunar grega e suas diversas personificações é muito extensa, além de, em geral, ser imprecisa e especulativa. Sugerimos, contudo, as seguintes leituras: Kerényi, Karl. *Gli Dei e gli Eroi della Grecia*, Il Saggiatore, Milão, 1972; Kerényi; Jung. *Prolegomeni allo studio scientifico della mitologia*, Boringhieri, 1968; Otto, W. *Gli dei della Grecia*, La Nuova Italia, Florença, 1961; Grave, R.; Patai, R. *I miti greci*, Longanesi, 1978; em alemão, talvez o autor mais importante e digno de atenção:

Roscher, W. H., *Ausführliches Lexicon der griech um röm. Myhologie*, Berlim, 1884.

62. Kerényi, *op. cit.*

63. Para estas informações e citações, cf. Stella L., *Mitologia greca*, U.T.E.T., Turim, 1956; *Inni Orfici*, organizado por Faggin, M.; Prampolini, G., *La mitologia nella vita dei popoli*, Turim, 1937.

64. Hesíodo. *Teogonia*. Traduzido em versos por Faggella M., Senato, Roma.

65. Prampolini, *op. cit.*

66. Harding, *op. cit.*

67. Jung, Carl Gustav. *Simboli della trasformazione*, Boringhieri, Turim.

68. *Ibid.*

69. Graves; Patai, *op. cit.*

70. *Ibid.*

71. Kerényi, K. *Gli Dei e gli Eroi della Grecia*, vol. I, p. 42.

72. Jones, E., *op. cit.*, p. 111.

73. Filostrato. *Vita di Apollonio di Tiana*. Adelphi, Milão 1978.

74. Springer; Ricci. *Storia dell'Arte*, Arti Grafiche, Bérgamo, 1910.

75. Hesíodo, *op. cit.*, p. 23.

76. Diel, Paul. *Le Symbolisme dans la mytologie grecque*, Paris, 1966.

77. Jung, *op. cit.*, p. 215.

78. Hesíodo, *op. cit.*, vv. pp. 173-185.

79. Hesíodo, *op. cit*, vv. pp. 803-807.

80. Ésquilo. *Eumenidi*, in: *Il teatro greco, le tragedie*. Sanzoni, Florença, 1970.

81. Eurípedes. *Oreste*, in: *Il teatro greco, le tragedie*, *op. cit.*

82. Fílon de Alexandria. *La creazione del Mondo, Le Allegorie delle Leggi*, Rizzoli, Milão, 1978.

83. Plutarco. *Dei fiumi*, XIV.

84. Arziano. *Frammento 58*; Diodoro Sículo, II, 451; Heródoto, IV, 110.

85. Diel, P., *op. cit.*

86. Kerényi, K., *op. cit.*

87. Ésquilo. *Le Danaidi*, in: Kerényi, *op cit.*

88. Ésquilo. *Le Supplici*, in: *Il teatro greco, le tragedie*, *op. cit.*

89. Ésquilo, *op. cit.*

90. Lanoe; Villene, G. *Le livre des symboles*, Bordeaux, 1935.

91. Homero. *Odisseia*, livro X, p. 150 em diante. Einaudi, Turim, 1977.

92. Otto, W., *op. cit.*

93. Frazer, James. *Il Ramo d'Oro*, Boringhieri, Turim, 1965, vol. 2.

94. Jones, E., *op. cit.*

95. Homero, *op. cit.*

96. Vautrier, R. *I poteri magici della Luna*, Dellavale, Turim, 1971.

97. Filostrato, *op. cit.*

98. *Introduzione alla magia*, organizado por Gruppo di Ur., Mediterranee, Roma, 1971.

99. Horácio. *Opere, gli Epodi*, U.T.E.T., Turim, 1977, p. 85.

100. Eurípedes. *Medea*, in: *Il teatro greco, le tragedie*, *op. cit.*

101. Eurípedes, *op. cit.*

102. Horácio, *op. cit.*, p. V.

103. Vautrier, *op. cit.*

104. Para uma abordagem histórica, psicanalítica e sociológica sobre o tema das bruxas, sugerimos os seguintes textos:

Institoris, H.; Sprenger, J. *Malleus Maleficarum*, trad. it. *Il Martello delle Streghe*, Marsílio, 1978.

Lovandre, C.L. *Sourcellerie*, Paris, 1930.

Michélet, J. *La Strega*, várias edições italianas.

Riklin, F. *Wunscherfüllung und Symbolik im Märchen*, 1906.

Abraham, K. *Trauma e Mito, in Opere*. Boringhieri, Turim, 1976.

Bodin, J. *De la Démonomanie des sorcières*. Paris, 1953.

Jones, E. *Psicoanalisi dell'Incubo*. Newton Compton, 1978.

Cavendish, R. *La Magìa Nera*, vol. 2. Mediterranee, Roma, 1977.

Butler, M. *Ritual Magic*. Noonday Press, Nova York, 1959.

Murray, M. *Witch-Cult in Western Europe*. Clarendon, Oxford, 1921.

Murray, M. *Il dio delle streghe*. Astrolabio, Roma, 1976.

Lea, H. C. *Material Toward a History of Witchcraft*. Nova York, 1957.

Guaccio, F. M. *Compendio della stregoneria*. Giordano, Milão.

Briggs, K. M. *Pale Hecate's Team*. Routledge Kegan, Londres.

Rodhes, H. T. *The Satanic Mass*. Citadel Press, Nova York.

Chochod, Louis. *Storia della Magia*. Dellavale, Turim, 1971.

Freud, Sigmund. *Opere*. Boringhieri, Turim, 1979.

Eymerici, N. *Directorium inquisitorum*. Roma, 1572.

105. Jones, E., *op. cit.*

106. Do *Malleus Maleficarum* existem atualmente as traduções italianas já supracitadas.

107. *Ibid.*, p. 90.

108. *Ibid.*.

109. Cavendish, R., *op. cit.*

110. Lea, H. C., *op. cit.*, p. 178.

111. *Il Martello delle Streghe*, *op. cit.*

112. Jones, E., *op. cit.*

113. Hansen, J. Zauberwahn, Inquisition und Hexenprozess im Mittelalter, Berlim, 1900.

114. *Il Martello delle Streghe*, *op. cit.*

115. Burton, R. *The Anatomy of Melancholy*. Londres, 1826.

116. Silberer, H. *Phantasie und Mythos*, "Psychoanalytisches Jahrbuch", Viena, 1910, vol. 2.

117. Jones, E., *op. cit.*

118. Consultar estas fontes sobre relações sexuais com o diabo como principal acusação a todas as bruxas, e a mesma descrição dos ritos

sexuais, assim como as possíveis associações com bruxaria: Wuttke, A. *Der Deutsche Volksaberglaube der Gegenwart*, 1900; Soldan, W. G. *Geschichte der Hexenprozess*, Munique, 1880; Ennemoser, J. *Geschichte der Magie*, Berlim, 1844; Roskoff, G. *Geschichte des Temples*, 1869; De Lancre, P. *Tableau de l'inconstance des anges et des démons*, Paris; Freimark, H. *Occultismus und Sexualität*, Frankfurt, s.d.; Haag, H. *La credenza nel Diavolo*, Mondadori, 1976.

119. Murray, M. *Le Streghe nell'Europa Occidentale*. Roma, 1974.

120. Murray, *op. cit.*

121. Paráfrase de Murray.

122. Piobb, P. *Formulario di Alta Magia*, Atanor, Roma 1971.

123. Murray, *op. cit.*

124. *Ibid.*.

125. Jones, E., *op. cit.*

126. Murray, *op. cit.*

127. *Ibid.*

128. *Ibid.*

129. Haag, Herbert. *La credenza nel Diavolo*, Mondadori, 1974.

130. Haag, *op. cit.*

131. Jones, E., *op. cit.*

132. Cavendish, *op. cit.*

133. Haag, *op. cit.*

134. Jung, C. G. *Risposta a Giobbe*, vol. XI, Boringhieri, Turim, 1980; Neumann, Erich. *Storia delle origini della coscienza*, Astrolabio, 1979; Neumann, Erich. *La Grande Madre*, Astrolabio, Roma, 1980.

135. Neumann, Erich., *op. cit.*

136. Hillman, James *Saggio su Pan*. Adelphi, Milão, 1979.

137. Capone, F. *Luna Nera-Lilith*. Turim, 1979.

138. Ver todos os textos mais apropriados relativos a Lilith, a Lua Negra.

Millat, Louis. *Essai sur les luminaires noirs, in*: Almanach Chacornac, Editions Traditionelles, Paris 1970.

Bustros, Michel. *"Pour les amateurs de Lilith"*, in: *Les Cahiers Astrologiques*, n. 142, Paris, 1969.

Scribe. "Les dossiers des deux Lilith", *in*: *Les Cahiers Astrologiques*, n. 144, Paris, 1969.

Vernal, Jean. *La Lune Noire existe-t-elle?*, *ibid.*, 1969.

Duval, Max. *Oui, la Lune Noire existe, ibid.*, 1970.

Graces, Andrein. Lilith, in: Destin, riv. n. 5-6, Genebra, 1970.

De Gravelaine, J.; Aimé, J. *Sotto il segno degli astri*. Dellavalle, Turim, 1970.

Desmoulins, R.; Ambelain, R. *Lilith, secondo satellite della terra*. Niclaus, Paris, 1937.

Hadés. *Soleil et Lune Noire ou les* états *angéliques et lieux infernaux*. Ed. Niclaus Bussiére, Paris, 1978.

Diversos autores. *Piccolo trattato di Astrologia*. Capone, Turim, 1972.

Colonna, Maria Teresa. "Lilith, la prima moglie di Adamo: un mito ritrovato", *in*: *Giorn. Stor. Psicol. Din.*, 5, 1978.

Sicuteri, Roberto. *Astrologia e Mito*. Astrolabio, Roma, 1978.

Sicuteri, Roberto. "Per un approccio al mitologema di Lilith-Luna Nera", *in*: *Zodiaco*, n. 0, Bolonha, 1979.

Ricciardi, Ermano. *Sincronicità e causa-effetto nel contesto astrológico*. Capone, Turim, 1979.

Capone, Federico. *Lilith-Luna Nera*. Capone, Turim, 1979.

Del Bello, Alfonso. *Astrochiromanzia*. Dall'Oglio, Milāo, 1940.

139. Del Bello, A., *op. cit.*

PARTE DOIS

Os Locais Projetivos do Mito

DEPOIS DE PERCORRERMOS O ITINERÁRIO mitológico e antropológico da representação de Lilith nos cenários culturais do Mediterrâneo, do Ocidente e do Oriente Médio, em que o arquétipo do "feminino", dividido em sua polaridade, passou por notáveis transformações, concentraremos a imagem no objetivo de uma breve análise psicológica que representa um tributo da cultura atual diante do tema, com novas modalidades. O que devemos fazer agora é verificar onde Lilith se expressa de um modo ativo como uma imagem interna e verdadeira.

Já que nos parece de fato difícil Lilith se manifestar na esfera consciente, precisamos adotar a única modalidade identificada mais uma vez pelo imaginário: atracamos no mítico Mar Vermelho interior existente em cada um de nós, para descobrir, em meio aos bem-guardados segredos de nossa psique, onde ela se esconde e guarda sua mensagem. Na sequência, procuraremos os *locais projetivos* do mito em que Lilith ainda é vital, dormente como símbolo, ativa como provável núcleo dinâmico, capaz de ativar toda a dimensão arquetípica.

Parece-nos, então, que o lugar ideal para uma análise interpretativa da figura mítica, como expressão do lado obscuro do "feminino", é, mais uma vez, o *sonho* e o *pesadelo*. O fantasma persecutório da bruxa, da diaba ou mesmo da prostituta agressiva, da sedutora singela ou da mulher devoradora costuma ser encontrado, na prática analítica, nos sonhos ligados ao processo de integração da polaridade, em que um dos aspectos pode ter a tendência a dominar o outro, no jogo de sombras.

Veremos exemplos de alguns sonhos e pesadelos, nos quais a figura feminina pode ser interpretada como personificação de Lilith.

O pesadelo é a típica resposta à experiência do medo e da angústia inconsciente, ambos provocados pela irrupção, na maior parte do tempo, do arquétipo em suas manifestações arcaicas. É interessante deixar de lado os costumeiros caminhos interpretativos do pesadelo e do medo para dar significado e validade terapêutica à *experiência do aterrador*, de modo que reconheçamos o papel ativo de Lilith, em vez de sujeitá-la à oposição passiva, na recusa sistemática da "mãe maligna", que, nesse caso, volta com frequência a reforçar a agressividade. Nessa hipótese, concordamos com as observações de Jung a respeito do que é válido e legítimo na *experiência do medo*.

Se Lilith-Lua Negra, como vimos sobre os inúmeros ritos culturais, era fonte de terror, de pânico, devia também ser fonte da experiência psíquica transformativa e do enriquecimento do mundo interior apresentado diante do deus e dos segredos emergentes da vida. Segundo Hillman, o medo, assim como o amor, pode ser um apelo para a consciência; encontraremos o inconsciente, o desconhecido, o numinoso e o incontrolável se mantivermos o contato com o medo. Portanto, não nos incomoda, na atualidade, que a Lua Negra desperte *também* o medo e – por que não? – até nos seduza!

Talvez possamos encontrar Lilith também na tradição da *fábula* e do *conto popular*, com sua imensa simbologia mitológica encantada. Veremos aqui algumas indicações gerais para possíveis caminhos de pesquisa. Sabe-se que, na fábula, sempre são retratadas situações arcaicas, modelos de sucessivas representações da realidade psíquica. Se a fábula é "verídica", também é verídico o impressionante patrimônio de arquétipos que ela nos propõe na linguagem metafórica do conto, uma autêntica explicação geral da vida. Lilith está presente na eterna dicotomia entre o bem e o mal, inferno e paraíso, bruxas e fadas, pombas e lobos ferozes, na rígida exclusão das "madrastas" e dos maus pensamentos. Talvez nas fábulas a luta entre instinto e alma se torne mais evidente, fazendo-nos refletir sobre o modo como a organização da psique infantil age num nível profundo.

Por fim, o último local projetivo a considerar, Lilith-Lua Negra, como já discutimos extensamente, está na pesquisa astrológica; aliás, é de fato no zodíaco que ela é reencontrada com extraordinária significância. Se entendermos a astrologia como uma especulação transcendente e, além disso, como um diálogo transformativo com o próprio inconsciente, poderemos conceder valor à presença e à ação (no horóscopo) do símbolo-sinal de Lilith-Lua Negra no tocante à temática do "feminino". Estão representadas aqui, portanto, três elaborações de análise astrológica que nada mais são que indicativas, ao menos no plano metodológico.

1 O Sonho e o Pesadelo

DESDE QUE O HOMEM SURGIU na Terra, ele guarda na memória coisas que decerto o levam a sonhar quando cai a escuridão e o sono o obriga a fechar os olhos.

Na própria Bíblia, vemos o valor atribuído aos sonhos. Significados religiosos, ou de fatalidades e do destino, mensagens dos deuses ou dos demônios, de saúde ou de doença, tudo isso pertence ao sonho, a essa incrível aventura figurativa que toda pessoa experimenta durante o sono. Na *Teogonia*, Hesíodo nos oferece uma imagem belíssima, mítica, acerca do sonho:

> A Noite, por fim, gerou a odiosa Sorte
> e a negra Kère, e a Morte;
> gerou o Sono, que gerou toda a estirpe
> dos Sonhos [...]

E, desde sempre, esse filho da noite desce à Terra para visitar os seres humanos e se hospedar em seu inconsciente. *Hypnos* é o momento, o lugar em que o sono se manifesta, imprimindo sua mensagem na consciência e na memória.

Todas as pessoas compartilham, durante a vigília, a experiência do universo real, mas no sono cada pessoa vive a experiência do próprio universo subjetivo por meio dos sonhos. Os sonhos lhe pertencem. É o que afirma Heráclito nesta passagem:

O universo dos homens em vigília é uno e comum,
mas no sono cada um retorna
ao seu próprio.

A cada criatura o sonho fala de acordo com uma linguagem própria. Nas tradições antigas, particularmente na hebraica e na grega, compreendemos a importância do sonho, desde o sonho de Abraão até o de Nabucodonosor, ou de Penélope ou de Clitemnestra, sem falar do *pesadelo* (ou íncubo) típico da Idade Média ou do desvelamento do véu de Maia onírica por parte de Freud. E essa importância, hoje sabemos, é essencial para a conservação da saúde psíquica e espiritual de quem sonha. Não nos estenderemos aqui na temática de sonhar e do sonho, mas sugiro ao leitor a literatura específica, sobretudo a psicanalítica, caso deseje conhecer a fundo a *realidade psíquica* do sonho e o processo onírico em seus múltiplos aspectos.

Concentremo-nos, porém, em algumas definições oriundas de diversas épocas e opiniões, para podermos compreender o valor e o significado de determinados conteúdos oníricos doravante citados que têm relação com o tema Lilith-Lua Negra.

Segundo Artemidoro de Éfeso, o maior estudioso dos sonhos no século II a.C.,[1] o sonho é um movimento ou uma invenção multiforme da alma, que assinala os bens ou males futuros.

Já na *Odisseia* (XIX, 560) de Homero, encontramos a famosa afirmação de Penélope:

> Hóspedes inexplicáveis e fugidios, os sonhos;
> infelizmente, para os homens, nem todos se realizarão.
> Duas são as portas dos sonhos incongruentes:
> uma tem os batentes de chifre, a outra, de marfim:
> aqueles que passam pelo cândido marfim
> intrigam a mente com enganos, palavras vãs;
> já os que passam pelo fulguroso chifre
> são coroados de verdade, se um mortal os vê.

Lucrécio veria nos sonhos uma realização dos desejos e, embora em época bem mais tardia, Paracelso declararia: "O que o sonho revela é a sombra da sabedoria própria do homem, mesmo que em vigília ele não se aperceba dela".

Descoberta a dimensão do inconsciente, Freud definiria o sonho como a principal via de acesso à psique inconsciente; sonhar, portanto, é o ato de desbloquear os desejos inibidos ou reprimidos.

Para Jung, a essência dos sonhos é outra: eles *compensam* o que falta ao consciente. Os sonhos são fragmentos de atividade psíquica involuntária e contribuem para compor o grande mosaico que é o processo evolutivo. Embora, para os freudianos, os sonhos permitam acesso aos complexos e sejam também a chave de outras escolas analíticas, o acesso ao inconsciente, nós os experimentamos sempre como a linguagem da nossa personalidade mais profunda, obscura no estado de vigília.

É sobretudo na linguagem onírica que Lilith se manifesta. Ela surge como o filho da Noite, aquele evento específico e dramático que, em geral, é o *pesadelo*. Pretendo apresentar aqui uma série de sonhos nos quais o símbolo da Lua Negra e de Lilith é claro, ora como imagem direta, ora como expressão do mitologema. Além disso, citarei algumas descrições do pesadelo como fenômeno neuropsicológico, uma vez que Lilith parece se apresentar no sonho com traços que correspondem perfeitamente à figura horrenda estruturada no inconsciente e na imaginação da época da civilização. Lilith retorna. Mais uma vez, vem perturbar o sono e os sonhos do homem, cuja reação variava de acordo com a época e a cultura, mas que vivenciava com sofrimento essa experiência noturna dolorosa. Quando Lilith, transformada em energia negativa, invade o sonho sob o aspecto de Hécate ou da bruxa, ou até de uma criatura monstruosa ou uma mulher bela, porém terrível, o sonho parece adquirir as características do *pesadelo*, ou do íncubo. Ao lermos algumas descrições clássicas do pesadelo, encontramos incríveis analogias que a mitologia e a tradição cultural fazem do encontro de Lilith com o viajante à noite, ou com o homem adormecido. Esses episódios foram descritos na primeira parte. Esta é a Lilith que queremos compreender no pesadelo:

> Em geral, o íncubo (o pesadelo) ataca os adormecidos por trás, e tudo começa com sonhos fantásticos, imediatamente seguidos de dificuldades respiratórias e uma forte opressão no peito. [...] Nesse estado, a vítima suspira, lamenta-se, emite sons inarticulados e sente-se como que à beira da morte [...]".

As formas do pesadelo são infinitas, mas há sempre a presença de um elemento: um terror profundo e indizível. Às vezes, a vítima se vê caindo na direção de um monstro horrível e viscoso, com olhos chamejantes do sepulcro e um hálito tão venenoso quanto os pântanos de Lerna. Tudo de horrível, nauseabundo e aterrador no mundo físico ou moral se manifesta, amplificado em níveis assustadores: as cobras sibilam, os demônios torturam [...] os urros estridentes e sobrenaturais dos bruxos e bruxas bem como de espíritos ímpios cercam a vítima. [...] De repente, ela sente ao seu lado a presença de um demônio maligno. Para evitar a imagem tão apavorante, o sonhador fecha os olhos, mas a abominável criatura ainda se faz sentir; seu bafo gélido se desmancha no rosto do adormecido, que percebe estar cara a cara com o monstro. Caso arrisque olhar, vê olhos terrificantes fixos nele; é uma criatura diabólica que dele zomba com uma perfídia mais que infernal. Às vezes, a vítima vê uma bruxa monstruosa agachada sobre seu peito, silenciosa, imóvel e malévola, encarnação do espírito do mal, cujo peso insuportável lhe corta a respiração; ela tem um olhar vidrado, implacável, inflexível, que petrifica uma pessoa de horror, tornando a própria vida odiosa.[2]

Essa esplêndida descrição vem de Macnish, do século XIX, e contém toda a sugestiva série de imagens que nos remetem a Lilith. O que chama a atenção é o motivo central: a criatura aterradora que agride o adormecido e o esmaga. Vemos em outra fonte, citada por Jones, um cenário semelhante:

> Imerso no sono, o adormecido é acometido de um mal-estar súbito profundo, sente-se sufocar; afoito, tenta respirar. [...] A sensação mais comum é a de um corpo pesado que lhe comprime o epigástrio. [...] O pesadelo começa com nada menos que uma alucinação; o ser que salta sobre teu peito te surpreende no quarto; tu o vês se aproximar e queres fugir, mas ficas totalmente imóvel. A criatura pula para a cama, convulsiona-se com movimentos horríveis; avança e, quando se apossa do corpo da vítima, o íncubo do pesadelo alcança o auge da intensidade.

A opressão, o arcaico sentimento de culpa, as mais violentas emoções reprimidas, tudo isso é liberado quando a imagem dolorosa e horrenda pula em cima da vítima adormecida.

Pensamos logo em uma analogia com as reações de angústia de Adão quando Lilith quer "ficar por cima" dele, oprimindo-o com seu prazer e o "peso" da iminente iniciativa. Poderia ser uma memória arcaica, reativada no íncubo, na qual o homem se sente súcubo?

No pesadelo, assim como na experiência do terror, a pessoa tem sua energia drenada, e é diminuída sua capacidade de defesa e reação. Não era isso que acontecia com aqueles que encontravam Lilith, Hécate, uma Empusa ou a temível Prosérpina?

> A qualquer hora da noite, aquele que sonha pode sentir que não consegue respirar. Uma espécie de criatura, talvez um animal peludo ou uma forma humana repugnante, comprime o peito do adormecido ou aperta-lhe a garganta como se quisesse

estrangulá-lo. Com a asfixia, aumenta o terror; toda tentativa de defesa é impossível, pois pernas e braços estão paralisados como se fosse por magia. Em suma, estes são os sintomas do pesadelo: sensação de sufocamento, pavor, sensação de um corpo pesado sobre o peito e impossibilidade de defesa.

Nos pesadelos sempre há um componente de forte conotação, o que nos leva a pensar que se manifestam instintos oriundos das camadas mais inferiores do inconsciente. Vejamos as citações de Jones: Boerner afirma que, com a angústia, manifesta-se no pesadelo também uma profunda voluptuosidade, sobretudo nas mulheres, que temem ter copulado com o inimigo. Já os homens, às vezes, experimentam a poluição. Delassus descreve o pesadelo nestes termos:

> Uma imensa angústia oprime o homem, que percebe a aproximação do íncubo ou do súcubo. A garganta se aperta, ele começa a sentir um sufocamento e, ao mesmo tempo, todas as mucosas são acariciadas por uma espécie de formigamento voluptuoso. Há um gozo insano e um terrível desgaste de energia.

Mais moderno, A. M. Macario explica que há uma variedade de pesadelo na qual os íncubos surgem como monstros horríveis ou na figura de uma velha repulsiva que se aproximam do adormecido e se reclinam sobre seu peito com todo o peso do corpo. O desafortunado sofre os piores tormentos. Simon[3] faz uma referência semelhante. Para ele, o espectro é uma mulher amorosa, voluptuosa, ou uma criatura repugnante, um demônio, um ser malformado, uma velha asquerosa cujos beijos são motivo de extremo horror. Se considerarmos, como Abraham, Rank e outros, que o sonho é o mito do homem, poderemos dizer que também o mito de Lilith é o sonho ou o pesadelo do homem. Como já vimos, são frequentes os sonhos em que se expressam complexos inerentes ao feminino simbolizado por Lilith, ou os impulsos que também remontam a esse símbolo. É evidente que os símbolos mais claros aparecem nos sonhos arquetípicos nos quais irrompem enormes cargas afetivas e emocionais; e o mitologema pode ser, de fato, personificado pelas representações arquetípicas formadas pelo inconsciente coletivo.

Em seu monumental *Livro dos Sonhos*, Artemidoro de Éfeso descreve um sonho em que aparece Hécate:

> Os deuses percebidos pelos sentidos são símbolos de temores, perigos e dificuldades; na verdade, quando se mostram durante o dia, provocam tais reações. [...] Desse modo, a visão de Hécate com três faces em seu pedestal indica movimentos e viagens, situações em que ela é chamada de *deusa das estradas*. Se no sonho ela tem apenas uma face, é mau sinal para todos, em geral, uma indicação de que os problemas virão de um país estrangeiro. Nesse caso, deves retirar o sonhador da situação em que está; não permitas que fique em seus aposentos, qualquer que seja a aparência dela. Se a deusa se mexe ou vem ao teu encontro, isso indica que os êxitos corresponderão à imagem.[4]

Citaremos agora um sonho em que o elemento feminino erótico é identificável como símbolo da libido investida de modo ambivalente; faz parte de uma crônica escrita por volta de 1050.

Quase no fim do ano 1000, vivia na Galileia, no vilarejo de Vertus, condado de Chalons, um homem do povo chamado Leutardo [...], emissário de Satanás. Sua temerária loucura começou a se manifestar da seguinte maneira. Certo dia, estava sozinho em um campo, ocupado com o cultivo da terra. Por conta do cansaço, pegou no sono e, de repente, um grande enxame de abelhas penetrou em seu corpo pelo *secretum suum naturale foramen*; em seguida, elas lhe saíram pela boca emitindo um forte zumbido e o torturaram com muitas ferroadas. Depois de um longo tormento com as picadas, o homem teve a impressão de que elas lhe falavam, ordenando que fizesse muitas coisas impossíveis para os homens.[5]

A referência a Satanás, associada a impulsos claros de conotação sexual, indica no homem uma situação conflitante com o próprio Eros. O homem reprime aquilo que lhe parece "impossível fazer".

Uma lenda dos anos 1300 menciona algo que Jones, em seu livro sobre o pesadelo, teria adorado citar: a identificação explícita de valores diabólicos e paternos que, para Jones e outros freudianos, só se manifestam por meio de interpretação e decifração onírica. A lenda da qual extraímos esse sonho fala da vida de um homem chamado Guglielmo, que viveu entre os séculos XI e XII. Vejamos:

Certa noite, o cavaleiro de Cristo, Guglielmo, orava no citado Monteprumo quando apareceu Satanás, inimigo da natureza humana, acompanhado de uma multidão de demônios impossíveis de descrever. [...] Começaram a se aproximar desse servo de Deus. Em seguida, chegou Satanás assumindo a forma do pai deste São Guglielmo e o chamou com grande afeto e um tom de voz agradável, que imitava a de seu pai verdadeiro. Ele dizia: ó Guglielmo, meu querido filho [...]".

No Antigo Egito, alguns sonhos de conteúdo sexual decerto eram considerados negativos, indícios da sedução que acomete o adormecido e o força a participar de experiências capazes de tornar impuros o coração e a mente. Portanto, se uma mulher sonhasse que era dominada e penetrada com violência por um cavalo fogoso, a interpretação da época indicava a presença de desejos diabólicos na mulher, talvez pelo próprio marido. Mais lascivo e perturbador era o sonho em que a mulher se entrelaçava a um asno, pois, nesse caso, ela era vista como grande ameaça, movida por desejos sexuais insaciáveis. Para puni-la, o intérprete do sonho dizia-lhe que, depois dessa experiência onírica, ela teria expiado uma grande culpa.

São evidentes nesta situação descrita a intenção de oprimir e o objetivo de controlar a sexualidade feminina.

Ainda no Egito, o sonho em que a mulher se entregava em arrebatamento ao coito agressivo com um bode recebia a mais rigorosa censura, que previa, inclusive, a sentença de morte da sonhadora: também aí se via a ameaça das intenções lascivas da mulher, sendo a "morte" um sinônimo de eliminação do *perigo* sexual. No *Zohar*, há menção do comportamento da alma durante a noite. Ela se movimenta em direção a Deus e deixa parcialmente imóvel o corpo da pessoa adormecida. Se, no entanto, a alma for impura, se estiver abalada por sonhos eróticos e for corrompida, poderá ter seu caminho barrado por forças impuras, demônios e mulheres demoníacas (Lilith), e a pessoa sofrerá os mais cruéis tormentos e poderá despertar de modo súbito e doloroso. A repressão sexual no homem e na mulher produz alucinações, sonhos ou pesadelos. Também são notáveis os sonhos com os olhos abertos, e as crônicas e biografias de personagens famosos estão repletas deles. A privação do lado instintivo induzia Santa Teresa d'Ávila às mais cruéis tentações; seu "lado Lilith" se tornava presa do demônio, opondo-se à função transcendente. Vejamos alguns relatos autobiográficos de Santa Teresa:

> Encontrava-me no oratório, e o demônio apareceu à minha esquerda, com um aspecto abominável; notei particularmente sua boca ao me falar, pois era assustadora. De seu corpo, parecia sair uma grande chama de muito brilho, mas que não projetava sombra. Disse-me, num tom arrepiante, que me haviam libertado de suas mãos, mas ele me aprisionaria de novo. Foi grande meu terror, então, fiz o sinal da cruz.[6]

Nas visões noturnas de Santa Teresa, apareciam os símbolos do conflito com o masculino:

> Certa noite, achei que os demônios iam me sufocar, esmagando-me, e, quando fui aspergida com bastante água benta,

vi uma multidão deles fugir, como se despencassem de um penhasco. [...] Em outras ocasiões, um grande cortejo de demônios se reunia ao meu redor, e parecia haver um enorme clarão à minha volta, impedindo-os de se aproximar de mim [...].

Sem dúvida, Santa Teresa nos lega, a partir de sua experiência infernal, um acervo das manifestações alucinatórias do instintual:

Um dia, não sei como, senti de repente que estava no Inferno. Compreendi que o Senhor queria me mostrar o local preparado para mim pelos demônios e que eu mereceria por meus pecados. [...] A entrada era semelhante à de um beco muito longo e estreito, parecido com um forno muito baixo, escuro e constrito. O chão era como água lamacenta, imundo, e tinha odores pestilentos, cheio de bichos nojentos. No fundo, havia uma cavidade na parede, como um nicho, no qual me vi aprisionada e muito apertada [...].

A narrativa prossegue, com todas as características de um verdadeiro pesadelo e de um ataque de angústia:

Senti um fogo na alma, o qual não consigo entender nem explicar. As dores no corpo eram insuportáveis, gravíssimas; e, segundo os médicos, as piores que alguém possa sofrer neste mundo (porque todos os nervos se contraíram quando fiquei paralisada, sem contar muitas outras dores que me acometeram de diversas maneiras, como já disse, causadas pelo demônio). Nada se compara a elas, mesmo porque achava que seriam eternas e incessantes. Entretanto, muito pior era a agonia da alma: uma opressão, um sufocamento, um desespero tão grande e um desconforto, ou desgosto, que não me seria possível explicar. Só sei dizer que era como se a alma me fosse arrancada com violência, mas nem essa descrição é suficiente, pois, enquanto na terra nos tiram a vida, lá é a própria alma que se esfacela. E eu não sabia como lidar com o fogo interior e aquela enorme angústia para vencer tanto tormento e dor. Não via meu carrasco, mas sentia-me queimar e despedaçar; e reitero que aquele fogo e o desespero interior eram o pior de tudo. Estava em um local tomado de pestilência e não encontrava consolo, nem mesmo podia me sentar ou agachar, pois não havia espaço para me mexer naquele buraco, onde as próprias paredes apavorantes se moviam para apertar-me e me sufocar. Ali não havia luz, nada além de uma escuridão impenetrável.[7]

Agora, de um antigo repertório, citaremos um sonho típico, com todo o aspecto de um pesadelo:

No quarto totalmente vazio, na silenciosa escuridão da noite, percebi algo se mover, de forma incerta, assustadora, que vinha do alto em direção a mim, por sobre a alcova. Porém, antes que enxergasse melhor, um corpo trêmulo e suado de mulher, como um animal quente e lascivo, lançou-se sobre mim de tal maneira que quase me esmagou; sua boca ardente me procurava, e eu não podia recusar ou sequer me mexer. Não conseguia gritar, e a natureza me ardia como nunca.[8]

Lembremo-nos também das visões e dos sonhos de alguns santos: tentações por meio das quais imagens femininas eróticas se apresentavam aos fiéis, místicos e ascetas como expressão da vida instintiva e ameaçadora da sublimação religiosa. As iconografias e as pinturas, todas representam, de certa forma, o homem ameaçado pelo demônio do erotismo no semblante feminino ou na figura da bruxa; enquanto, para as mulheres, apareciam as figuras de bodes, faunos, seilenos, demônios ou bruxos. Há uma pintura de Hieronymus Bosch, por exemplo, que nos remete ao reino das formações oníricas e ao imaginário mais sutil.

Nas crônicas dos séculos passados, há descrições de sonhos e visões hipnagógicas nos quais é recorrente o tema da ameaça erótica, bem como das tentativas de reprimi-la. Isso está presente não só na história dos religiosos e dos santos como também na vida de homens comuns, assoberbados de problemas de consciência ou dominados por superstições. Em suma, os sonhos e pesadelos nos tempos da bruxaria tinham em comum esta estrutura básica:

Uma mulher de aspecto sensual e lascivo sobe em minha cama. Sinto que é uma presença nefasta, provoca-me angústia, porque nela se oculta um perigo para minha alma. Mas fico sem forças; esse corpo quente e violento me ataca, cobre-me de tal maneira que não consigo me mexer; esmaga-me com seu peso. Grito, mas minha voz não sai. Choro, imploro. É inútil.[9]

Para a mulher, a simbologia da sedução especular inconsciente é representada pelo demônio ou pela alma de algum homem falecido; no caso das religiosas, até o conteúdo das práticas litúrgicas se transmutava, nos sonhos, em um atentado sexual:

> No pensamento da priora, o novo ódio por Grandier não destruíra ou sequer mitigara os antigos desejos obsessivos. O herói imaginado nos sonhos noturnos e também nos sonhos com os olhos abertos permanecia o mesmo; entretanto, já não era mais o príncipe azul para o qual a janela se abria, e sim um íncubo inoportuno que se deliciava em infligir à vítima um ultraje de prazer indesejável, porém irresistível. [...] A irmã Jeanne sonhou diversas vezes que o velho voltara do Purgatório para implorar ajuda de suas antigas penitentes na hora da prece. Mas, enquanto ele se lamentava, eis que tudo sofria uma transformação: não era mais seu antigo confessor, e sim o rosto de Urbain Grandier, que, alternando as palavras e os modos com a figura, falava-lhe de amor, assediava-a com carícias não menos insolentes que impudicas, e pedia aquilo que ela não tinha o direito de dar, aquilo que, pelos votos, consagrara ao Esposo divino.[10]

É famoso o quadro *The Nighmare* (O Pesadelo), de 1782, do pintor suíço Füssli.[11] Nele, o artista retratou uma jovem adormecida, deitada no leito em uma posição provocada pela intuída angústia, abatida e atormentada por uma evidente energia negativa que a sufoca.

No pano de fundo, surge do painel atrás da cortina a horrível figura de uma égua enfurecida, uma força primitiva desenfreada e demoníaca prestes a se lançar sobre o corpo da moça. À esquerda, vê-se a imagem de um monstro ou de um demônio. É o clássico íncubo, e Füssli provocou polêmica entre os muitos analistas e intérpretes a respeito do segredo escondido nesse quadro. Talvez seja ele o único e mais autêntico testemunho pictórico de um sonho descrito pelo Eu sonhador; e vemos nele os símbolos daquelas energias instintivas que tentam emergir durante o sono, aflorando no corpo de quem dorme.

Ainda mais útil para a pesquisa do mitologema de Lilith deve ser a produção poética e literária do século XIX e do Decadentismo. Em particular no Romantismo alemão e francês, emerge do imaginário a figura obsessiva do andrógino e o mito da mulher fatal, quando se personificam mais uma vez as representações da mulher-vampira, da mulher-víbora etc., em uma nova confirmação do conflito e de mais uma relação íntima ambivalente com a parte reprimida do feminino. Na infinita literatura, nada podemos fazer além de selecionar alguns exemplos modestos que servirão de amostra da vasta pesquisa possível sobre o tema.

Os românticos abordaram de um modo amplo o mito, e o demoníaco se fez presente na figura da mulher, mais uma vez conferindo-lhe aspectos de fatalidade e forte sensualidade.

Nosso foco, agora, é uma sugestiva e perturbadora mina de ouro de símbolos e explosões imaginárias, a obra de Gérard de Nerval, criativo romântico francês cuja arte – como já disse Antoin Artaud – é uma extraordinária expansão para fora das trevas de uma consciência ingênua, em que o sonho se desenrola, quase em forma de magia, na vida real.

Em Nerval, uma pesquisa sobre o mito de Lilith pode ser muito produtiva, ainda mais se interpretarmos com certo discernimento os romances mais indicativos que destacam, em uma representação onírico-simbólica e mitológica, complexa e misteriosa, o tema do eterno feminino-materno-diabólico, esfacelado por contraposições e confrontos impossíveis. Nas figuras de Sílvia, Otávia, Ísis, Pandora e Aurélia,[12] para citarmos só as mais importantes, reencontramos a personificação verdadeira do "feminino" cindido, endemoniado, negativo e derrotado das complexas mitologias inconscientes nervalianas, dentro do abismo arquetípico que já abordamos muito aqui.

Citarei apenas pequenos fragmentos de narrativa onírica na qual se procura a imagem da mulher que viveu no período clássico da experiência psíquica: do arquétipo materno desencadeado ante a negação do pai ou a castração até a mulher que impede qualquer possível investimento narcisista, incluindo a mulher--bruxa-demônio, pura sombra e total regressão mortífera. Vemos, por exemplo, em *Sílvia*, o símbolo da mãe amada e odiada, ora anjo, ora demônio, que recorre aos temas de culpa e genuflexões corretivas capazes de transferir a libido para as figuras sucessivas de Otávia e Aurélia-Pandora.

Angelismo, fuga, fogo transformador, Eros e inferno formam a cadeia de simbologias que estruturam a psique de Nerval no tema romântico impossível da busca pela alma bela, em que Lilith mais uma vez se oculta na sombria recusa e o homem não encontra a paz. *Otávia*, a morte que leva aos infernos, é "coroada de rosas descoradas" e se transforma depois na Ísis mística e intuída, na qual Nerval vê a mãe onipotente que se prepara para a expiação. Mais além, Lilith adquire a terrível imagem definitiva de *Pandora* e *Aurélia*, personagens nas quais se encontram, embora como meros resquícios oníricos ocultos, Hécate e Perséfone. Toda uma tradição gnóstico-alquímica, um misticismo animístico fantasmagórico, nos remete, com Gérard de Nerval, à grande representação pré-adâmica e pós-bíblica.

Vejamos agora algumas passagens nas quais sonho e narrativa nos levam à presença de figuras inquietantes que constituem até hoje um mistério da psique nervaliana, sufocando-nos sob o conflito enigmático entre salvação e satanismo, escondido no magma mitográfico de sua obra.

Em *Sílvia*, encontramos a simbiose com a mulher-mãe:

> Sentia-me viver nela, e ela só vivia para mim. O mero sorriso me tomava de uma beatitude infinita; a vibração de sua voz tão doce, apesar do timbre forte, me fazia tremer de alegria e amor. A meus olhos, ela tinha todas as perfeições, correspondia ao meu entusiasmo e a todos os meus caprichos [...].

Em seguida, vem o sonho no qual a imagem feminina se fende de um modo dramático e introduz o conflito em que o amor e a sedução da mulher convidam a superar a infância e a adolescência ainda inebriada de sonhos. *Adriana*, então, expressa o aspecto artificial de Eros:

Imaginava um castelo dos tempos de Henrique IV, com telhados pontudos de ardósia, a fachada avermelhada com pedras angulares amareladas, uma praça grande e verde, repleta de olmos e tílias das quais o sol poente atravessava a folhagem como se fossem dardos em chamas. Algumas moças dançavam em círculos no campo, cantando velhas cantigas que aprenderam com suas mães, em um francês tão puro que nos fazia sentir de fato vivos naquela antiga terra de Valois, onde pulsou por mais de dois mil anos o coração da França.

Eu era o único rapaz na dança-roda a que me levara Sílvia, minha companheira ainda muito jovem, uma moçoila do vilarejo vizinho, muito vivaz e delicada, com seus olhos pretos, o perfil simétrico e a pele levemente bronzeada! [...] Até aquele instante, era a única que eu amava! Eu havia notado na roda uma moça loura, alta e bela, chamada Adriana. Em determinado momento, conforme as regras da dança, Adriana se encontrou comigo no centro do círculo. Tínhamos a mesma estatura. Ordenaram que nos beijássemos, enquanto a dança e o coro giravam com uma animação cada vez maior. Beijei-a, então, e não havia como não segurar-lhe a mão. Os longos cachos de seus cabelos dourados roçavam-me o rosto. Naquele momento, fui tomado de uma estranha perturbação. Para ter o direito de voltar à dança, a moça deveria cantar. [...] Enquanto cantava, uma sombra se projetava das árvores grandes e o brilho da lua caía somente sobre ela, isolada no meio do círculo de pessoas que se esforçavam para escutá-la. [...] Adriana se levantou. Muito fogosa, fez-nos uma bonita reverência e correu para dentro do castelo. [...] Naquele dia de festa, recebera a permissão de participar de nossos folguedos; não a veríamos mais porque, no dia seguinte, retornaria ao convento onde seria educada.

Quando me aproximei novamente de Sílvia, vi que esta chorava, e o motivo das lágrimas era a coroa dada por mim à bela cantora. Disse que poderia colher outra para ela, mas ela me disse que não a merecia. Em vão, tentei me explicar, mas ela não me dirigiu uma única palavra enquanto a acompanhei até onde estavam seus pais.

Na situação de perda e luto, insurge a regressão e aparece Otávia, figura ambígua e pseudo*anima* desagregadora que tenta consolar o homem-menino com suas artes místicas e maléficas, a verdadeira emanação do arquétipo materno arcaico que se vale, de um modo mágico, do inconsciente do homem-filho, até levá-lo à tentação do suicídio:

> Morrer, meu bom Deus! Por que esse pensamento me assola a cada ocasião, como se minha morte constituísse o equivalente à felicidade que prometestes? A morte! Apesar de tudo, essa palavra nada de obscuro impinge à minha mente. Vem coroada de rosas esmaecidas, como no fim de uma festa; sonhei algumas vezes que ela me esperava, sorridente, à cabeceira de uma mulher venerada, depois da embriaguez e da felicidade, e me dizia: "Vem, meu rapaz, recebeste tudo o que era teu neste mundo. Agora, dorme. Repousa em meus braços. Não sou bela, mas sou bondosa e prestativa; se não trago prazer, ofereço a calma eterna [...]".

Entrei em um quarto que tinha algo de místico, por mero acaso ou pela distribuição peculiar dos objetos lá contidos. [...] De repente, pôs-se a falar em uma língua que não conhecia. Sílabas sonoras, guturais, gorjeios encantadores, talvez de um idioma primitivo; podia ser hebraico, sírio, não sei. Ela sorriu de meu espanto, caminhou até a penteadeira e de lá tirou pedras falsas, colares, braceletes, guirlandas [...]. Desvencilhar-me-ia daquele fantasma sedutor e, ao mesmo tempo, apavorante. [...] Não ser amado e não ter esperança de sê-lo! Foi então que me senti tentado a prestar contas a Deus de minha estranha existência. Só tinha um passo a dar: no ponto em que me encontrava, a montanha era partida como um penhasco, o mar retumbava ao fundo, azul e puro; eu sofreria apenas por um instante. Ah, a vertigem desse pensamento era terrível! Tentei me jogar duas vezes; e não sei que força me trouxe vivo, de volta à terra que abracei.

Naturalmente, o entardecer da vida e a tentação tanatogênica levam Gérard de Nerval a Ísis, reevocada em seu significado cultural: Natureza e Lua, a criadora, a mãe, aquela que nutre, mas também destrói; a mediadora na passagem aos infernos. Em seguida, vem Pandora, o "feminino" negado; a constatação, para o homem, da integridade perdida. Ela surge repleta de afetos contraditórios, desejada e rejeitada, e recebe as projeções mais agressivas. É a "maligna", a "sedutora", a fria Pandora-Hécate, a sombra negra; mãe terrível, a "caixa repleta de males": Pandora é a "criatura depravada", a dançarina com pés de serpente". Ela entra no sonho de Nerval e desencadeia o pesadelo:

Ainda a via dançar com dois chifres de prata cinzelada, enquanto balançava a cabeça emplumada e fazia ondular o colete de rendas bordadas nas vestes de brocado.

Como era bela em seus trajes de seda e levantina púrpura, exibindo as costas brancas e reluzentes, aspergida com o suor das pessoas. Detive-a de um modo brusco, dependurando--me em seus chifres, e tive a impressão de reconhecer em seu semblante a outra Catarina, imperatriz de todos os russos. Eu era o príncipe de Ligne, e ela não hesitou em me ceder a Crimeia e a região do antigo templo de Toante. De súbito, vi-me sentado no trono de Istambul.

– Mulher funesta! – disse-lhe. – Estamos perdidos por tua culpa e o mundo está prestes a acabar! Não percebes que aqui não se pode mais respirar? Infectaste o ar com teus venenos, e até a última vela que ainda nos ilumina trepida e empalidece sob o sopro impuro de nossa respiração. [...]

Eu comia gomos de romã, e com essa distração senti uma dor na garganta. Engasgara-me. Então, um corte em minha cabeça, que estava exposta à porta do serralho, teria realmente me matado se um papagaio, que voava por perto, não tivesse engolido alguns pedaços de romã que eu rejeitara.

Na sequência, Nerval faz o encontro determinante, que encerra o arco da experiência fatal. Encontra Aurélia:

Pouco depois, baixei os olhos e me vi diante de uma mulher de colorido pálido, olhos fundos, com traços que lembravam Aurélia. Disse-me: –Eis que se anuncia a sua morte ou a minha!

Sem dúvida, é Lilith que domina agora, o indistinto sexual demoníaco, talvez a loucura e a perda da identidade. Há uma sensação gélida diante desse sonho:

Naquela noite, tive um sonho que confirmou meu pensamento. Perambulava por um edifício vasto de muitas salas, algumas reservadas para estudo, outras para conversas e discussões filosóficas. Curioso, parei em uma delas, pois tive a impressão de reconhecer ali meus antigos mestres e condiscípulos. Discorriam-se lições sobre autores gregos e latinos, com o enfadonho murmúrio que soa como preces à deusa Mnemósina. Segui para outra sala, onde se faziam conferências filosóficas. Participei por algum tempo, mas logo saí para procurar meu alojamento em uma espécie de hospedaria com escadas enormes, por onde se movimentavam viajantes ocupadíssimos.

Nos longos corredores frios, perdi-me várias vezes e, enquanto atravessava uma das galerias centrais, deparei com um estranho espetáculo. Um ser esvoaçante de tamanho desmedido (se homem ou mulher, não saberia dizer) no espaço superior, que parecia se deslocar em meio a nuvens espessas. Quase sem fôlego e força, caí no pátio escuro, depois de gritar e ferir as asas contra o teto e os balaústres. Pude, então, observá-lo melhor, por um instante. Tinha colorações avermelhadas e suas asas brilhavam com mil reflexos iridescentes. Vestido com um traje longo de pregas à moda antiga, assemelhava-se ao anjo da *Melancolia* de Albrecht Dürer. Não me contive e dei gritos de terror, que me acordaram com um sobressalto.

A queda do núcleo psíquico vital é uma consequência do modelo racional vivido de forma depressiva. É a perda da alma, a assustadora contemplação da androginia perdida para sempre no agitar de asas mortalmente feridas. Mesmo assim, o homem tenta em vão realizar o sonho de amor de totalidade: persegue a mulher no pesadelo e na alucinação.

Mas ela desaparece, abandona-o no drama insolúvel, quase forçada a pagar para sempre a recusa do primeiro homem. Assim, desiludido, fracassado em seus planos de realização e centroversão, o homem perde o contato com o real; agora, lhe resta a experiência da morte possível, das febres malignas, do delírio regressivo, em que se joga para trás, no estado arcaico, um quase angustiante *déjà vu*:

> A mulher que eu seguia, que mostrava o corpo em movimentos que faziam cintilar as pregas de seu vestido de tafetá furta-cor, percorreu de um modo gracioso com o braço desnudo um longo ramo de malva-rosa, que, em seguida, começou a crescer sob um resplandecente raio de luz a tal ponto que o jardim lhe tomava a forma, e os canteiros e as árvores se transformavam nas rosetas e nos festões de suas roupas, até a face e os braços impingirem seus contornos nas nuvens purpúreas no céu. Tão logo se transfigurava, perdia-se de vista, pois parecia esvanecer em sua própria grandeza. – Ó, não te vás! – gritei. – A natureza morre contigo!
>
> Pronunciando essas palavras, eu caminhava dolorosamente sobre as silvas, como se tentasse me agarrar à sombra ampliada que fugia de mim, mas colidi contra as ruínas de

um muro, aos pés do qual caíra um busto de mulher. Ergui-o e tive a certeza de que era o *dela*. [...] Reconheci o rosto amado, olhei também ao redor e notei que o jardim adquirira o aspecto de um cemitério. Algumas vozes clamavam: – O universo está imerso na noite! [...]

Senti-me transportado para um planeta escuro, no qual se moviam os primeiros germes da criação. Do barro ainda fofo se formavam palmeiras gigantescas, eufórbios venenosos e acantos retorcidos em volta dos cactos; a superfície árida das rochas parecia um esqueleto daquele plano de criação, e rastejavam répteis horrendos que se estendiam ou se enrolavam entre a inextricável vegetação silvestre. A tênue luz das estrelas era a única forma de iluminação lançada sobre aquele estranho horizonte azulado. Entretanto, assim que se formavam essas criações, uma estrela mais brilhante irradiava os germes da luz. [...]

Em seguida, os monstros se transmutaram, despojando--se de seus primeiros pelos, e se ergueram sobre garras gigantescas, mais poderosas. A enorme massa de seus corpos partia os ramos e a grama; na desordem da natureza, esses seres se enfrentavam em combates dos quais eu também participava, pois meu corpo não era menos monstruoso que o deles.

Só quando chega a esse estágio, que é também a descida aos infernos onde se encontra a psique, a alma primordial, Gérard de Nerval apresenta a última revelação do mistério: descobre o *duplo*, ou seja, o conhecimento consciente de um papel sexual identificado; o próprio *anima-animus*, complementares, que formam o inteiro, de natureza andrógina; aquele *inteiro* separado no primeiro homem, Adão, e sobre o qual Lilith questiona:

> Ocorre-me uma ideia terrível: – O homem é duplo – disse-me. – "Sinto em mim dois homens", escreveu um Pai da Igreja. A congruência de duas almas se assentou como um germe misto em um corpo que também apresenta à vista duas partes semelhantes reproduzidas em todos os órgãos de sua estrutura. [...] Ambas se aderem a um mesmo corpo por afinidade material, uma talvez destinada à glória e à felicidade, a outra, à aniquilação ou ao sofrimento eterno. Um fulgor fatal subitamente cortou a escuridão. [...] Aurélia não era mais minha!

A sombra envolve, aos olhos do homem, aquela sua parte e imagem que se perde nas trevas da rejeição. Aurélia assume outras feições em mulheres cada vez mais perversas, pesarosas ou ameaçadoras sob a romântica luz do luar.

Lembremo-nos agora da feroz *Venus d'Ille* de Prosper Mérimée. Nessa obra, encontramos uma inegável Lilith. É a personagem de uma mulher fatal muito significativa, sobretudo no episódio em que ela sufoca o jovem esposo em um abraço apertado; aquele que, segundo uma antiga lenda medieval reapresentada sob um aspecto romântico, ousara colocar em seu dedo o anel de núpcias.

Há uma atmosfera geral ameaçadora de vampirismo demoníaco e de morte. Vênus é descrita nestes termos:

> Tinha todos os traços meio contraídos, os olhos um tanto oblíquos, a boca retorcida nos lados, narinas dilatadas. Desprezo,

ironia e crueldade se mesclam em seu semblante de extraordinária beleza. Na verdade, quanto mais se olha para essa admirável estátua, mais se espanta e se entristece pelo fato de uma beleza tão maravilhosa se aliar à ausência total de sensibilidade.[13]

No âmbito psicológico, nessa obra, reencontramos no homem a experiência do fascínio e do medo. Também Théophile Gautier nos traz belíssimas descrições do tema, e o vampirismo impera quando são descritas as figuras femininas que lembram os modelos gregos míticos:

> Fui arrancada da tumba para procurar o bem que me fora furtado; para amar o homem já perdido e sugar-lhe o sangue do coração. Quando ele estiver por fim condenado, devo passar aos outros, e os jovens sucumbirão ao meu furor.[14]

Em sua obra *A Morta Apaixonada*, Gautier faz da personagem Clarimonde a ampliação da mulher perversa e demoníaca, baseada na imagem medieval clássica, que causa uma confusão angustiante no homem, obrigando-o a dizer:

> Não sei que forma mórbida e corrompida de serpente e demônio que o beija sombriamente no pescoço e:

> [...] arranha, depois de beijar como um animal selvagem o ventre de sua vítima".

Também Baudelaire exalta o eterno feminino ambivalente e terrível. Parte de toda a obra do grande poeta alude à simbologia de Lilith; e, quando ele vê a mulher, em geral, a descreve assim:

> Mais que veneno destilam teus olhos,
> teus olhos verdes,
> lagos onde se espelha e entorna
> meu coração, abismos
> amargos onde se precipitam os sonhos para beber.
>
> O mais tremendo prodígio é a saliva
> de tua boca,
> que corrói, que afasta a alma
> sem remorso ao esquecimento
> e à beira da vertigem, arremessa-a
> entre os mortos![15]

Já mencionamos as representações de Lilith no cenário cultural alemão, no *Fausto* de Goethe, que nos legou a simbolização mais imponente da bruxaria. Também o poeta, dramaturgo e crítico inglês Charles Swinburne nos passa a imagem recorrente da mulher fatal. Vejamos, por exemplo, sua Rosamunda no drama juvenil:

> Sim, encontrei a mulher de todos os contos, a face que sempre me surpreende no enredo da história: [...] eu, Cressida, beijei a boca dos homens de tal modo que adoeceram ou enlouqueceram, espetando-lhes o cérebro.[16]

Na obra *Chastelard*, a figura feminina é retratada com atributos míticos muito bem definidos:

> Há outra ilha ao norte no oceano, habitada por mulheres de natureza deveras cruel e maldosa, cujos olhos são pedras preciosas e, quando se fixam em um homem, matam-no imediatamente.

e sua Mary Stuart encarna o próprio aspecto venusiano de uma Lilith que reativa o ritual de sangue e morte:

> [...] essa Vênus não se sacia, mas sua boca é rubra do sangue dos homens [...].

E assim, por todo o Decadentismo recorre o mito, e na poesia não se afasta de modo algum da ideia que tentamos ilustrar aqui.

Os pesadelos com representações de Lilith ou a imagem arquetípica da Lua Negra têm notável transparência e também os encontramos em nossa prática analítica. De bom grado, portanto, podemos citar alguns.

Um paciente de 32 anos com neurose obsessiva e problemas sexuais teve estes sonhos:

> Estou na biblioteca da Faculdade de Letras. Consulto alguns livros ao me preparar para uma prova. Vejo-me mais jovem, como era quando estudante universitário. Enquanto leio, começo a sentir um estranho mal-estar; um gesto instintivo de defesa me obriga a levantar-me e sair dali. A angústia me

acompanha, como uma pessoa que tenta me capturar. Caio em uma massa gelatinosa e viscosa, estou nu e não me arrisco a fazer nenhum movimento. Tento gritar, mas não consigo, e vejo duas mulheres gordas rindo de modo debochado; abrem as pernas para pular sobre mim. Contra minha vontade, tenho uma ereção. Acordo de repente.

Vemos com grande clareza nesse depoimento o conflito entre a esfera racional e o instinto que seduz de forma negativa. O paciente atribuía ao estudo a possibilidade de "se elevar" e realizar o triunfo do intelecto acima dos aspectos "inferiores" de sua vida. O instintual apresenta a resposta típica no erótico simbólico "pecaminoso" ou vulgar; o arquétipo de Lilith vibra nas figuras das duas mulheres lascivas que desafiam o intelecto. Algum tempo depois, ele tem um sonho semelhante:

Converso com amigos sobre planos interessantes para as férias. Penso que teremos atividades importantes, cálculos a fazer e vários encontros de alto nível. Estão presentes também outras pessoas, homens cultos etc. Sinto-me no centro das atenções, sobretudo quando, em uma sala, assisto a uma conferência sobre algumas inovações na construção em cimento armado. De repente, a figura do orador é substituída por uma mulher lindíssima, porém estúpida. Tomo-me de embaraço e surpresa, espio ao redor, mas os demais parecem calmos e alienados. A mulher me olha, e seu olhar me perscruta. Sinto um medo como se aquilo fosse uma alucinação. Muda a cena: estou amarrado, a mulher bonita me excita, me provoca. Aterrorizado, cismo que as pessoas na sala falam de mim e do que acontece onde estou. Sucumbo a um abraço fortíssimo.

Neste caso, a evolução é interessante: a ameaça do feminino obscuro é mais visível e substitui o núcleo consciente dominante; por fim, o caráter do pesadelo expõe o sujeito à própria situação profunda com a qual deverá lidar.

Outro sonho, mais rico em símbolos, nos foi narrado por uma jovem:

> Estou dormindo profundamente quando ouço uma voz próxima sussurrando algo. É o som da voz que me acorda, não as palavras. Surpresa, olho em volta: estou em um jardim estranho, perturbador, por causa da vegetação densa e malcuidada e da presença de árvores estranhas, com troncos grosseiros e largos. Há uma luz que precede o amanhecer e ouço alguns sons. Vejo bem à minha frente uma porta rústica de pedra que me faz lembrar Tirino, a porta dos Leões. A poucos passos de mim, rasteja uma serpente que vai se esconder dentro da estátua oca de Vênus Anadiômene (uma lembrança do Liceu, creio). Levanto-me, pois estava sentada em um campo, e começo a andar para descobrir que lugar é aquele. Ouço risadas, depois chamados, como se alguém caçoasse de mim. Vejo uma pomba estranha que desce do alto e pousa perto de um leão esculpido, majestosa e tranquila. O leão é uma coluna talvez dórica ou egípcia, não enxergo direito. Estou vestindo uma roupa que reconheço: o jaleco que uso no laboratório

todos os dias. Caminham em minha direção duas mulheres chamadas Lua, trajando sobretudos pretos. Quando se aproximam, a princípio, sinto um momentâneo calor humano e simpatia, mas sofro um tremor violento e grito: o rosto delas se inflama, incandesce, seus olhos são como dois globos pretos. O que sufoca meu grito na garganta, porém é o fato de as mãos das mulheres serem, na verdade, garras de uma ave de rapina. Agarram-me pelo púbis quase em um peremptório gesto erótico.

O tema da sombra aflora no sentido puramente sexual. A Lua Negra é evidente nas duas figuras que transmitem uma mensagem libidinosa perturbadora. Vejamos a seguir um sonho de outra pessoa, em que emerge claramente Lilith como símbolo manifesto de forma positiva:

> Eu perambulava por um local desconhecido quando, em determinado momento, tive vontade de evacuar. Percebia que era um lugar aberto e amplo, mas ao mesmo tempo parecia uma imensa gruta. Tentava satisfazer à necessidade biológica quando notei a presença de G a me observar. Com ele, havia outras pessoas. Fiz de tudo para me conter, mas foi ficando cada vez mais difícil; de repente, as fezes saíam sozinhas, sem meu controle. Meu nervosismo era grande por causa da presença de tanta gente, e tentei me esconder e me limpar com as mãos. De repente, elas ficaram sujas com as fezes e eu não sabia o que fazer; mas notei que a companhia daqueles estranhos me incomodava bem menos. Sem que me desse conta,

porém, minhas mãos haviam esculpido algo com aquele material. A presença das pessoas já me era indiferente, e havia uma sensação inefável por conta daquilo nas mãos. De súbito, enquanto olhava o material, compreendi e ouvi o que me disseram: "Esta é Lilith!". Era de tudo belíssimo, e experimentei uma sensação de grande felicidade. Olhava o objeto e logo percebi sua forma estranha: um quadrado preto, atrás do qual aparecia uma meia-lua negra e mais atrás, no alto, um sol negro. E as três formas estavam distribuídas em três planos de profundidade.

Outra pessoa nos contou o seguinte sonho:

Estou em um lugar desconhecido, sem casas ou vegetação, mas sinto que não é deserto porque paira em volta uma espécie de atmosfera encantada. Observando melhor, vejo ao longe, no escuro, a silhueta de um casal. Anoitece. É uma noite clara, estrelada, e sinto-me só; gostaria da companhia de uma mulher. Então, curiosamente, deparo com uma escada muito comprida – mas sua existência é inverossímil! – e, depois de subi-la sem grande fadiga, apoio-a na lua, que já aparecera no céu, esplendorosa em seu último quarto. Penso que gostaria de subir até ela, e a possiblidade de tal experiência não me surpreende. Tudo me faz lembrar de uma gravura de William Blake que vi há pouco tempo em um livro: um homem quer subir até a lua com uma escada. É uma das visões do poeta. Feliz, vou subindo a escada e caminho para o céu, quando vejo a lua esmaecer, como se logo fosse sumir. Angustiado, penso que a escada não teria mais em que se apoiar e eu escorregaria no vazio! Agora, estou no espaço, ganho altura, enquanto a lua fica cada vez mais tênue, descendo no horizonte. Por fim, ela desaparece de minha vista e não vejo sequer a escada. É como se a lua tivesse se transformado em algo escuro, mas um escuro absoluto. Incapaz de me mover, grito em vão. Onde antes se encontrava a lua, vejo agora apenas a escuridão e uma presença negra, ameaçadora, irreconhecível. Tenho a impressão de ouvir uma estranhíssima voz feminina.

Essa pessoa não deu o menor sinal de saber qualquer coisa a respeito de Lilith ou da Lua Negra. Temos aqui, portanto, traços arquetípicos da Lua Negra: o sonhador revive o terror arcaico do desaparecimento da Lua, enquanto a ausência do símbolo materno-feminino o deixa em pânico, como poderia acontecer com um humano primitivo.

Também nos campos das artes, sobretudo na pintura, temos testemunhos (já citamos Füssli) do tema de Lilith como tentação. Lembremo-nos das diversas obras que ilustram as tentações de Santo Antônio de Pádua. O tema foi pintado em 1583 por Cigoli, e mostra o Santo com a bela cabeça idosa absorta e uma expressão serena no rosto. Talvez esteja lendo suas orações, e é cercado por cinco imagens: três mulheres belíssimas, dentre as quais uma, à esquerda, está nua e lhe oferece uma bebida, talvez vinho ou algo afrodisíaco. No outro lado, uma mulher sussurra algo sedutor; outra, abaixo, sorri. Nas extremidades, um gato de olhos grandes e um demônio faunesco indicam as tentações espirituais. Eis que Eros e inferno se juntam.

No Gabinetto delle Stampe, em Roma, há uma obra de M. Schongauer que lembra certas iconografias de Bosch. O artista desenhou um Santo Antônio içado de um modo dramático no ar e arrastado por uma horda de monstros demoníacos que o puxam por todos os lados, agridem-no e o seviciam, bem como parecem dirigir-lhe palavras violentas.

Também no que se refere ao tema do autoerotismo psíquico, da polução noturna (que, para os religiosos, é um problema associado ao pecado), há constantemente uma relação entre a castidade, o impulso sexual que se extravasa no sono mediante sonhos ou pesadelos e as imagens femininas que sempre se manifestam com aspecto sedutor ou aterrorizante. Lembremo-nos do caso exposto por Havelock Ellis:

> Citarei a experiência de um homem anônimo de 30 anos, vigoroso e casto. Em seus sonhos, eram frequentes as imagens de pernas e flancos e mais raras, por sua vez, as partes sexuais; quando estas apareciam, eram, na maioria das vezes, de órgãos masculinos. Foram apenas duas ocorrências de coito. Em geral, as figuras oníricas eram mulheres adultas ou jovens e quase sempre as agressoras. Às vezes, apareciam mulheres conhecidas. De um modo geral, porém, eram desconhecidas.
>
> O orgasmo ocorre no momento mais erótico e mais sugestivo do sonho, brotando de um episódio que pode parecer muito inocente. Eis um exemplo. Caminha por uma rua uma jovem desconhecida; ela me chama, não lhe dou atenção. Chama-me mais uma vez, hesito em olhar ou responder: ejaculação! Passo ao lado de uma moça, que me pergunta se

pode me dar o braço. Ofereço meu braço, ela passa o dela e o levanta: de novo, cjaculação. No momento em que me faz a pergunta, tenho uma ereção muito forte![17]

Outra pessoa, consciente de suas inibições, relatou um sonho com características de pesadelo, recorrente sempre que consegue se "distrair" de certos impulsos emocionais e solicitações eróticas que a realidade produz em determinadas situações concretas:

Ando sem rumo específico, mas com a plena convicção de que devo cumprir determinados compromissos. Lembro-me também de que preciso pagar certas taxas ou faturas que são dívidas de um familiar. Tenho pressa, caminho pela rua e cumprimento alguém que conheço, mas sem dar muita atenção. Vejo também S, uma senhora que sempre encontro no trabalho, talvez funcionária de algum departamento que não o meu. O cumprimento dela é peculiar e me perturba. De repente, sopra um vento forte. Grito, mas minha voz não sai. O céu escurece e correm comentários de que os inimigos estão invadindo. Guerra? Sinto-me ameaçado por um perigo iminente. Multidões. Desço as escadas, está tudo escuro, todos gritam e procuram abrigo. Empurram-me, corpos se comprimem contra o meu. O estranho é que, em meio a tanto medo, e cercado por pessoas que me pressionam, sinto-me sexualmente excitado. Tenho medo, tento rezar em silêncio e, por um momento, vem-me a estranha fantasia de estar sendo castrado. Mas não há tempo para refletir. Vejo um túnel subterrâneo vasto, parecido com o metrô, cheio de gente. Casais se apertam, alguns se beijam. A cena fica difusa, opaca; toca uma música desesperadora, triste. Mexo-me como se estivesse convalescendo após uma prolongada doença e aparece à minha frente uma clareira verdejante em uma floresta, também ela opalescente, tênue, e estou cercado de mulheres e homens nus. Os seios das mulheres resplandecem como que iluminados por dentro. Algo viscoso, porém, lhes escorre do púbis. Estranho, parece que elas têm pênis. De repente, olho para cima e vejo, sentada em uma árvore, ao lado da lua, uma mulher estranha, ao mesmo tempo jovem e anciã, impossível de definir melhor, que parece feita de mármore ou pó. É bela ou feia? Não sei, mas provoca-me um grande temor. Penso na divindade materna destrutiva e, de repente, a mulher ri, embora soe como o rugido de um tigre. Viro-me, mas os homens nus me seguram não com força, mas na tentativa de fazer-me participar de um ritual que ignoro. A mulher, que agora vejo como uma Circe, desce da árvore; ainda está longe, eu me viro, tento me livrar de sua influência, mas, antes que consiga me mover (tudo acontece muito rápido), salta sobre mim como uma fúria: sua boca ardente toca minhas bochechas e suas mãos apertam meu sexo. Grito, mas percebo que corro nu em direção a uma escada úmida e, enquanto subo, abre-se à frente uma porta preta enorme, cada vez maior.

Examinemos outro sonho da casuística psiquiátrica, este de um paciente que atravessa uma fase paranoica:

Há uma praça totalmente redonda. É a lua, e caminho sobre ela. A lua é um tapete muito bonito. Cutuca meus pés. Alguém me amarra em um mastro e começo a chorar. Uma mulher vestida de vermelho aparcce à minha frente, despe-me e, com uma faca, parece querer extrair meu coração e meu pênis. Enquanto ela faz isso, eu entoo um hino religioso, *Veni creator Spiritus*. A mulher pendura meu coração e meus órgãos genitais em volta de seu pescoço e começa a dançar e dançar. Choro desesperado.

Mais surpreendente é este sonho, que nos foi narrado por um homem em sua sessão analítica:

Estou sentado em uma poltrona diante de uma mulher madura que não vejo, mas cuja presença sinto com exatidão. Talvez seja S, também sentada em uma poltrona de frente para mim. É uma mulher que exerce um poder psíquico enorme sobre mim, um verdadeiro *maná*, obscuro e esmagador. Ouço e obedeço completamente, dominado pela atmosfera um tanto tenebrosa no ambiente, que é o quarto de S. Sua voz misteriosa e persuasiva me manda olhar e escutar de uma maneira específica. Começo, então, a produzir figuras femininas; desenho-as, isto é, penso-as e as projeto em personificações. Com grande insistência psíquica, a mulher me manda olhá-las cada vez mais! Ela move as imagens desenhadas, que fazem diversas coisas, embora eu nada perceba. Escuto a voz da mulher sentada, que dá ordens: são ordens mágicas, de bruxa, de mulher das trevas. Quer que eu experimente a mulher voluptuosa, contra minha vontade. Em seguida, de repente, como que evocada de um modo inconsciente, levanta-se e avança em minha direção, rápida, uma imagem violenta de mulher; vejo seu rosto inteiro e parte do busto. É escura, nem bela nem feia, tem um olhar alucinado, está perturbada, enlouquecida, bizarra. Uma verdadeira Lâmia ou um Íncubo dominador. Com o olhar fixo em mim, tem uma atitude irredutível de provocação debochada e destrutiva, até me deixar em pânico. A irrupção dessa imagem ocorre em apenas um instante. Meu despertar é muito doloroso.

A presença da figura de Lilith é inegável, pois esse homem vive uma relação delicada e difícil com sua *anima* parcial reprimida, considerada perigosa e cujo confronto é prejudicial à integração viril.

No sonho seguinte, apresentado por Erich Fromm, vale ressaltar de uma perspectiva analítica a ausência da experiência do lado Lilith-Lua Negra no paciente, que é feito súcubo pelo casal genitor e por um modelo feminino convencional que o devora, plasmando-o a seu prazer, petrificado em uma existência insípida e conformista. Uma espécie de Eva prontamente aceita.

Enfim, quando ele sufoca a própria alma (*anima*) criativa, ocorre uma reação destrutiva da qual ele tenta fugir de modo regressivo. Só a tomada de consciência final, de que o genitorial não o ajuda mais, é que pode salvá-lo e induzi-lo a procurar uma imagem alternativa àquela personificada pela escultora:

> Acompanho uma experiência. Um homem é transformado em pedra. Depois, uma escultora faz da pedra uma imagem. De repente, a estátua cria vida e parte, ameaçadora, para cima

da artista. Com horror, vejo a estátua matar a escultora. Volta-se, então, para mim, e penso que, se conseguir levá-la à sala onde se encontram meus pais, estarei a salvo. Em luta com ela, consigo forçá-la a entrar na sala. Lá estão meus pais, com uns amigos. No entanto, mal olham para mim, enquanto luto pela vida. Penso: já deveria saber há muito tempo que eles não se preocupam comigo. Sorrio, triunfante.[18]

Uma jovem em análise nos forneceu, em consulta, esta fantasia escrita que revela uma temática muito sugestiva. Reproduzimos aqui a parte mais relevante à nossa discussão:

> Meu amor me força a virar uma bruxa quando me leva à noite à cidade, em busca de vítimas, de mãos dadas e rindo, debochados. Sou, no entanto, fraca como bruxa e demônio, pois temo a luz: quem me ensinou a temer tanto? No grande sol de Apolo, meu amor nada de bom escreveu, pois ficou no país da Lógica após perder a velha luta entre amor e vontade. Se o primeiro é sacrifício, a segunda é Satanás. Quanta areia, amor, quanta areia! Dos dois nasceu um filho desconhecido e maltratado, sem pátria, debilitado, que chora porque se sente mal. Meu amor chama de demônio o instinto de viver, que no círculo sombrio se torna desejo de morte. Pois não o deixam viver no país da Lógica.

Vemos aí uma feminilidade que pede para se expressar fora da dimensão estritamente lógico-racional e defensiva do homem. Como recusa esse plano, ela faz vir à tona a bruxa; e a amargura depressiva só pode gerar "filhos" tristes. É notável nesse caso a presença da simbologia bíblica acerca de Lilith.

Quando, porém, o *confronto* com o aspecto feminino relegado à sombra é bem-sucedido e o homem se dispõe a integrar de forma harmoniosa também seus instintos, a simbologia de Lilith se apresenta com metamorfoses interessantes:

Estou só em uma zona solitária, uma colina que contém um bosque, mas também um campo aberto. O sol da manhã é belíssimo. Movimento-me com uma sensação de paz interior, penso em coisas agradáveis e até me dá vontade de escrever um poema. Enquanto caminho, embrenho-me no bosque, para minha surpresa, e vejo que se torna cada vez mais denso. De repente, estou na penumbra, sinto arrepios como se estivesse frio. Sou tomado pelo desejo de me masturbar, excitado por estar sozinho naquela dimensão natural, misteriosa, que me envolve. Prestes a realizar tal desejo, ouço alguém me chamar: à minha frente, aparece uma moça sorridente, que balança a cabeça. Fico ruborizado, temo que tenha me visto. Mas, na verdade, ela está distraída. Aproxima-se de mim, e recuo, por instinto. Agora ela desce para dentro de uma espécie de cova no terreno, onde há palha, grama e uma coberta vermelha. Observo melhor a moça e assusto-me ao notar que seu rosto está cheio de marcas como de varíola; seus seios e as costas, cobertos de cicatrizes e pequenas feridas. Dou um grito, mas ela me agarra pelo braço e puxa-me para baixo. É uma luta extenuante: quero fugir, mas é inútil. Caio em cima dela na cova. Ela ri, e vejo que está completamente nua. Olho para cima e distingo algumas figuras femininas, moças que conheço, absortas, a nos espiar, mudas e sem expressão. Depois de um momento dramático de hesitação, sinto a necessidade de proteger a jovem terrível que me segura. Venço minha própria resistência e abraço-a. Enquanto a beijo, lembro-me de que temia ser por ela infectado. Em grande êxtase, ela responde aos meus beijos e fazemos amor. Anoitece. Ainda estamos na cova, abraçados. Não vejo seus traços, mas sinto que algo belo, quase inefável, está acontecendo. Mais uma vez, deixo-me abraçar e, quando o sono quase me domina, ela sussurra algumas palavras que me deixam muito feliz. Muda a cena: um amigo vem ao meu encontro no campo e me diz que está muito contente por eu, enfim, ter encontrado minha verdadeira companheira. Viro-me, surpreso, e, à minha esquerda, se encontra a mesma moça, mas extraordinariamente jovem e bela, quase perfeita!

2 A Fábula e o Conto Popular

EM DIVERSAS FÁBULAS CLÁSSICAS, ENCONTRAMOS representada de forma primordial a temática arquetípica que quase sempre age na dialética dos opostos: o *bem* de um lado, o *mal* de outro, antagonistas em uma luta inflexível.

No desenrolar da mensagem das fábulas, é frequente a identificação do bem, enquanto o lado malévolo é, de modo irremediável, relegado às sombras. Sabemos que assim são contornadas as mais diversas angústias, mediante a incondicionada participação no aspecto positivo. Esse mecanismo de defesa, base de toda uma pedagogia, é muito conhecido e já foi muito discutido. Entretanto, se compreendermos as fábulas como linguagem metafórica da alma (*anima*), poderemos reencontrar a imagem originária e parcial que estrutura o mito de Lilith.

Mais na fábula que no mito, deparamos com o simbólico-infantil compreendido como infância do homem, estratificado na psique arcaica, e podemos ativar a imaginação nos confrontos das partes negligenciadas que mantêm a cisão.

Faz-se necessária, no entanto, uma pesquisa semântica que nos permita refletir o significado dos símbolos-signos recorrentes nos textos e nos leve a inferir novas indicações.

Vejamos o enredo típico: há uma *madrasta* como *imago* da mãe negativa, substituta da verdadeira. Uma ou mais *filhas* da madrasta são sempre perversas, invejosas, estúpidas, faladeiras e sádicas; às vezes, têm até a aparência de bruxa. O correspondente masculino demoníaco da trama costuma ser o Diabo, o ogro, o bandido, o lobo ou o rei malvado, que se alia às mulheres malévolas para perseguir as boazinhas e imaculadas *enteadas* e cinderelas, as princesas ingênuas ou infelizes. Essa é a metáfora obsessiva que constela todo o lado excluído, fracassado no âmbito dialético e relegado à psicopatologia. No extremo oposto, se encontram as boas mães, as rainhas sábias, os príncipes corajosos e apaixonados, os bons animais, gnomos e outros assim. Nessa relação, a polaridade é sempre cindida, porém dialética. O lado *negro* é, portanto, o aspecto de Lilith sempre reprimido no inconsciente, raramente reabilitado ou reconhecido. O mal continua a ser o mal, e o bem é sempre o bem, que permite "viverem felizes para sempre". A mentira endopsíquica é clara no ato da rejeição da parte que sucumbe: a lógica está no lado *branco*, enquanto o pré-lógico se concentra na magia do lado *negro*.

Os irmãos Grimm criaram uma fábula esplêndida que nos mostra o tema em toda a sua evidência, exatamente como simbologia de contraposição, *A Noiva Branca e a Noiva Preta*. Eis um resumo em tradução livre:

> Uma viúva morava com uma filha negra e uma enteada branca na orla de um bosque. As jovens viviam a brigar, e a pobre

enteada era muito passiva. Um dia, passa por ali um viajante e pergunta qual era o caminho até a aldeia. A viúva e a filha respondem de modo atravessado, mas a boa enteada, de um modo gentil, indica o caminho ao homem. Comovido com seus bons modos, ele diz à jovem que ela pode pedir a realização dos desejos que quiser.

– Gostaria de ser bela.

– Assim serás – responde o homem.

– Gostaria de ter uma bolsa cheia de dinheiro.

– Terás.

– Gostaria de viver de um modo que me fizesse merecer o Paraíso.

– Lembra-te sempre deste último desejo, comporta-te de acordo, e terás o Paraíso.

E, assim, se despediram. A moça voltou a sofrer as humilhações impostas pelas duas mulheres. No entanto, ela tinha um irmão que era pintor e que fizera seu retrato e o guardava em seu quarto, no palácio do rei, onde o jovem trabalhava como cocheiro. Como a imagem do retrato o atraíra, o rei mandou o pintor levar a irmã ao palácio para desposá-la e fazer dela sua rainha, se fosse merecedora. O rapaz se apressou a buscar a irmã, mas na charrete subiram também a madrasta e a filha negra ciumenta. No percurso, a velha – que era uma bruxa – lançou um sortilégio que obscureceu a vista do pintor e o pensamento da enteada para forçá-la a dar as roupas e os adereços à sua filha. Depois da troca, a pobre jovem, enquanto atravessava uma ponte, foi empurrada para fora, caiu no rio e se transformou em uma pata branca.

No palácio, quando o rei viu a moça negra, sentiu ojeriza e ordenou que as duas mulheres fossem levadas de volta para a casa delas. Ao passar pela mesma ponte, a charrete virou, mãe e filha caíram no rio e se afogaram.

Certa noite, a pata branca foi ao palácio para indagar a respeito das duas mulheres más e do que acontecera com a esposa negra.

– Foram mandadas de volta! – responderam-lhe.

– Que Deus as perdoe, Deus as perdoe! – comentou a patinha.

O rei soube dessa estranha visita e, numa tarde, acompanhado de um serviçal, procurou a pata e transpassou-a com uma espada. Ao toque da lâmina, o encantamento se desfez e a jovem voltou a ser a bela moça.

– Eis minha esposa branca! – exclamou o rei, feliz.

Então, ordenou que lhe dessem comida, que a deixassem se enxugar e a vestissem como uma rainha. Depois, contou a ela todas as agruras das duas infelizes e do pintor, que ele mandara prender.

A moça pediu clemência para todos. Assim, a velha e sua filha negra voltaram à vida miserável e o irmão da rainha foi libertado. O rei e a rainha tiveram uma vida longa e feliz.

O aspecto negro da filha negra tem uma relação direta com a mãe negativa e é totalmente rejeitado pelo rei, que conota o masculino. É interessante refletir sobre a importância do *encantamento* e a *inversão de papéis* a que recorre a filha negra para se aproximar do rei, que já estava focado na beleza da esposa branca.

Digno de nota também é o momento psicológico no qual se percebe a *ausência* das duas esposas: o homem está sozinho e, de certa forma, sua alma é dominada por um encantamento. [...] Só o retorno da esposa branca concede, na fábula, uma integração parcial dos dois aspectos. A ressurreição das duas mulheres, porém, reforça a polaridade, e a esposa negra *permanece sem futuro*, condenada ao papel de excluída.

Outro conto dos irmãos Grimm, *A Lua*, parece conter em sua delicada estrutura diversos símbolos que refletem os temas da Lua em seu ciclo mensal, a lua infernal, a angústia pelo desaparecimento do astro no céu noturno e a necessidade de desfrutar sua luz. Nessa fábula, fica clara a ideia da boa lua branca, em contraste com a lua arrastada ao inferno por homens egoístas e que se transforma em fonte de distúrbios, enquanto ilumina a pseudovida dos mortos.

Subjaz no conto o princípio vital de iluminação, que o homem disputa com a consciência coletiva, bem como a solução final da intangibilidade do arquétipo lunar. Também é transparente a mensagem específica: o valor lunar branco não pode estar nas trevas infernais. O gesto de São Pedro reflete, em certo sentido, o dos anjos bíblicos no Mar Vermelho: reconduzir Lilith ao céu. É surpreendente essa analogia de simbolismos que estabelece uma recorrência nada aleatória de motivos já estudados por nós nas diversas tradições. Vamos à história:

Era uma vez um país em que a noite era sempre escura e o céu se estendia sobre a região como um pano preto, pois nunca aparecia a Lua e nenhuma estrela brilhava na escuridão.

Durante a Criação, a luz noturna bastara. Certa vez, quatro jovens saíram do país, para fazer uma viagem pelo mundo, e chegaram a um reino em que, à noite, depois que o Sol descia atrás dos montes, cintilava sobre um carvalho uma esfera luminosa, irradiando para todos os lados uma luz suave. Embora tal luz não brilhasse como o Sol, era possível enxergar e discernir todas as coisas. Os viajantes pararam e perguntaram a um camponês que por ali passava de carroça o que era essa luz.

– É a lua! – ele respondeu. – Nosso burgomestre a comprou por três escudos e pendurou-a no carvalho. Todos os dias, ele precisa lustrá-la e renovar o óleo, para ela brilhar sempre. Contribuímos com um escudo por semana.

Depois que o camponês se afastou, um dos quatro jovens disse:

– Essa lâmpada pode ser útil para nós. Em nosso país, temos um carvalho grande como este, e poderíamos pendurá-la nele. Como seria bom se não precisássemos tatear no escuro quando anoitece!

– Quer saber de uma coisa? – disse o outro. – Peguemos uma carroça e alguns cavalos para podermos levar a lua. Aqui, eles podem comprar outra.

O terceiro jovem disse:

– Sou muito ágil para subir em árvores e logo a descerei dali.

O quarto saiu para buscar a carroça e os cavalos.

Puseram a bola luminosa na carroça e cobriram-na com um pano para que ninguém percebesse o furto. Sem dificuldades, levaram-na para seu país e a penduraram em um carvalho alto. Velhos e jovens se alegraram quando a nova lâmpada começou a difundir luz sobre os campos e sobre cada canto e cada fenda. Os anões saíram das rachaduras das pedras e os pequenos gnomos, com seus casaquinhos vermelhos, bailaram em roda nos campos.

Os quatro amigos renovavam o óleo da lua, limpavam-na e, a cada semana, recebiam um escudo. Entretanto, passou-se o tempo, e eles envelheceram; quando um deles adoeceu, sentindo próxima a morte, pediu que um quarto da lua fosse enterrado com ele como sua propriedade. Depois que ele morreu, o burgomestre subiu na árvore e cortou com uma tesoura um quarto da lua, que foi colocado no caixão. A luz da lua ficou mais fraca, mas a mudança era quase imperceptível. Quando morreu o segundo companheiro, também foi sepultado com um segundo quarto, e a luz enfraqueceu mais. Depois da morte do terceiro, que também queria sua parte, diminuiu bastante a luminosidade; e, por fim, quando foi enterrado o quarto amigo, tudo voltou à escuridão. Se as pessoas saíssem sem seus lampiões à noite, chocavam-se umas com as outras.

Mas quando as quatro partes da lua se reencontraram no inferno, onde sempre reinara a escuridão, os mortos foram perturbados e despertaram de seu sono. Fascinaram-se por enxergar: para eles, era suficiente a luz da lua, pois seus olhos estavam tão fracos que não aguentavam o brilho do sol. Todos se levantaram, então, alegres, e retomaram os antigos hábitos. Alguns brincavam e dançavam, faziam muito barulho e gritavam, até pegarem em paus e começarem a golpear uns aos outros. A algazarra cresceu a ponto de ser ouvida no céu. São Pedro, o porteiro do paraíso, achou que era uma revolta do inferno. Convocou as tropas celestes para repelirem o Inimigo, caso este e seus asseclas tentassem invadir a morada dos bem-aventurados. Mas, como nunca chegavam, ele montou seu cavalo, saiu pela porta do paraíso e desceu ao inferno. Lá, acalmou os mortos, fez com que se deitassem de novo em suas devidas tumbas, pegou a lua e dependurou-a no céu.[19]

Na coletânea de contos chassídicos compilada por Martin Buber, há uma historieta da escola do Rabino Marduque de Neshiž, que, sem dúvida, retrata a Lilith da verdadeira tradição hebraica. É um texto oriundo da sapiência rabínica dos "zaddichim". Nesse conto, se evidencia a relação peculiar entre o homem e o demônio feminino, centrada no ódio e na angústia. A *astúcia* é necessária para refrear o poder do demônio. No conto aqui reproduzido, reencontramos a estrutura do *pesadelo* e o cerimonial transmitido pela tradição egípcia e grega com as artimanhas apotropaicas específicas:

Assim se conta: Um homem que fora possuído por Lilith partiu para Neshiž, a fim de implorar ao Rabino Marduque que o libertasse. O rabino sentiu no coração que o homem se aproximava e mandou fechar as portas das casas à noite e não as abrir para ninguém. À noite, o homem chegou à cidade, mas não encontrou abrigo e precisou se deitar sobre um monte de feno. De repente, apareceu Lilith e lhe disse: "Vem já para mim". O homem perguntou: "Por que me pedes isto? Em geral, és tu que vens a mim!". Lilith respondeu: "Nesse feno onde estás deitado, há uma erva que me impede de aproximar-me de ti". "Que erva é esta?", quis saber o homem. "Posso eliminá--la, e tu chegarás a mim." Ele mostrou a Lilith várias ervas, até que ela exclamou: "É esta!". Então, o homem a segurou contra o peito e se libertou de Lilith.[20]

3 A Lua Negra em F. Nietzsche, G. Sand, A. Rimbaud

No MAPA ASTRAL DE FRIEDRICH Nietzsche, a Lua Negra adquire um valor excepcional e bastante revelador, pois alude à relação com o feminino, a *anima*, a mulher. Essa configuração nos permite identificar em Nietzsche uma tendência espiritual, religiosa, com acentuado respeito pelas formas legais, pelas convenções, além de uma disposição para a vida aventurosa com relação ao pensamento e ao mundo moral. A evolução da *anima* em Nietzsche é, contudo, marcada por um contraste entre aspiração ideal, sublimação e as premências de um cotidiano concreto. A Lua dominante é a *Weltanschauung* (visão de mundo) de Nietzsche, que nele fomenta o caráter instável, mutável e até femíneo e intuitivo. O aspecto insidioso que a Lua, símbolo do feminino, determina com Vênus, símbolo da afetividade, provoca um desvio da afetividade entre objeto real e imagem sublimada. Daí a necessidade da realização de um feminino insólito e não conformista, no qual a sensibilidade se abala nos conflitos interpretativos da vida.

Em Nietzsche, porém, o drama do "feminino" se evidencia na Lua Negra, localizada na Casa VII em Gêmeos, em oposição à Lua e em relação negativa com Vênus. Nietzsche tem os três vértices simbólicos da afetividade situados nas zonas mais importantes do horóscopo: a subjetividade (ascendente), o outro, a relação com o parceiro (Casa VII) e a esfera da evolução superior (Casa IX). Lua, Vênus e Lua Negra estão em contraste violento e funesto entre si nessas zonas.

Em Gêmeos, Lilith adquire um significado específico: representa uma sensualidade que se refina e quer se espiritualizar. Ela está em contato com o valor mercurial de Gêmeos; o *pueril* inocente, pronto para intelectualizar, desvia o demonismo erótico para o plano mental por meio da transformação. Essa Lua Negra é, em si, muito superficial, um tanto frívola, apesar de ser de modo frequente dominada pelo raciocínio, pela influência de Gêmeos na Casa VII. Mas é desse signo ambivalente e duplo que Nietzsche se torna vítima; isto é, do Mercúrio enganoso e ladrão, bem como do *pueril* hábil e fraudulento.

Lilith, portanto, se torna mais ambígua. Nessa fase, podemos vê-la manifestada por Nietzsche no relacionamento com Lou Salomé e Paul Rée, nos tempos da "Santíssima Trindade", expressando uma necessidade premente de viver o erotismo não no casal, mas, sim, no "triângulo" (Casa VII com Lilith!): uma ruptura das regras e da concessão para aventuras inomináveis. A duplicidade de Gêmeos é reconhecida no "duplo" masculino Nietzsche-Rée; a feminina Lua Negra nada poderia ser senão uma companheira "perversa", amante de experiências reprovadas pela opinião pública da época: justamente Lou Salomé, que acreditava no desvario dionisíaco. Temos, então, Dionísio-Nietzsche com Lou-Lilith. A instintividade, porém, é refreada pelo intelectual Mercúrio; a agitação é omitida, pois em Nietzsche predominam a mente, o pensamento e a abstração. Entre o gesto e o ideal, prevalece o sacrifício. Lilith se torna a própria destruição da *anima*; não só não se realiza a "trindade", mas cada possível encontro real e físico entre Nietzsche e Lou é estremecido. Os Gêmeos mercuriais arrastam essa Lilith para a sublimação que implica um sacrifício doloroso, o amor não pode ser vivido na voluptuosidade da carne, mas apenas na abstração.

Por outro lado, a Lua Negra está em oposição dramática à Lua: assim se realiza em Nietzsche o tema da *fuga da mulher* e a sublimação. Mas há também rancor e renúncia quanto ao feminino, e podemos entender por que Nietzsche formula o aforismo "Quando te encontrares com as mulheres, leva o chicote". Sadismo inconsciente, hostilidade com a mulher que não cede, necessidade de sublimar o impulso erótico. Em Nietzsche, Lilith é o apelo obsessivo da mulher; porém, ele não pode vivenciá-lo na dimensão normal, corriqueira; precisa transformá-lo, vivê-lo na poesia de *Assim Falou Zaratustra* e de *Ecce Homo*.

A Lua Negra o faz encontrar não o amor inocente, mas a prostituta atraente, ainda jovem, a deusa Lipsia; e Vênus na Casa IX, mal posicionada, significa a patologia "venérea" (no sentido de Virgem, sexto signo do zodíaco, das doenças) por estar "contagiada", um influxo maléfico de Lilith. A alma de Nietzsche, portanto, seria, nesse sentido, bacante, orgástica, o que, aliás, ele descreve em seus textos: uma alma que se opõe ao equilíbrio apolíneo porque Lilith, no setor de relacionamentos do horóscopo, incita o erotismo ao grau máximo.

Afinal, além de Lou Salomé, quais são os amores ou os afetos de Nietzsche? Ora, são a irmã Elizabeth e as prostitutas, talvez estas ainda mais, visitadas de um modo clandestino nos itinerários italianos dos peregrinos, e não mais na Alemanha pós-Leipzig.

Lilith em oposição à Lua concentra com plenitude o relacionamento mórbido de Elizabeth com seu grandioso irmão. Um sentimento confuso, uma necessidade afetiva ameaçadora e sadomasoquista une a irmã histérica ao irmão "faunesco". Nesse relacionamento sempre houve um aspecto destrutivo. Basta observarmos a grande Lua no ascendente, recebendo as projeções pesadas de Lilith do polo oposto, se quisermos ter uma boa ideia de como a relação de Nietzsche com sua irmã era absoluta, trágica, indispensável, obsessiva e "anormal" no âmbito inconsciente. Ela o tiranizava com chantagens eróticas (por causa do ciúme que sentia por Lou ou em consequência de outros interesses afetivos do irmão), das quais também ela própria era vítima. Esse aspecto clamoroso do horóscopo revela um incesto psíquico e uma identificação quase total, em que Elizabeth, ao se tornar herdeira da obra e montar o Arquivo Nietzsche, "incorporou", de certa forma, o gênio poético do irmão e se identificou com suas criações filosóficas, dando-lhe, assim, um "abraço" que durou a vida toda.

Para Nietzsche, portanto, o destino amoroso no cotidiano real passa por relações que não podem ser vivenciadas nem realizadas, mas, mesmo assim, permeiam seu *habitus erotico* e estimulam sua fantasia em uma trágica ambivalência construtiva-destrutiva. Lou e a irmã eram indispensáveis, mas também sentidas como fatalidades, assim como as prostitutas.

Há, contudo, outro significado mais sugestivo e inquietante que podemos encontrar no complexo simbólico Lua-Lua Negra-Vênus negativo em Nietzsche. Os três astros estão em três signos de realização altamente criativa: Virgem, Gêmeos e Sagitário – o eu, o outro, a obra de arte (ou amor sublimado). Ora, existem nos três signos os três valores femininos, como já afirmamos. Pensemos, por exemplo, em *Zaratustra*, o grande "masculino" sábio, o super-homem, o dionisíaco que sai das insípidas planícies para dominar, do alto, a cidade, a "vaca malhada". Em cada página do extenso poema, vemos que Zaratustra ama com intensidade, de modo desenfreado, com a "alma poderosa" e uma voluptuosidade indomada, além do bem e do mal; mas as criaturas por ele amadas são mulheres, e não deusas delicadas ou ninfas, sequer são mulheres angelicais e lânguidas, como era próprio do Romantismo. Com sua força demoníaca, Lilith transforma a alma de Zaratustra; dos aspectos comuns de Eva, eis que surgem nos escritos nietzschianos as reais parceiras de amor que parecem ter se originado em Lilith, como muitas *Lillim*. Zaratustra ama os animais: répteis, leões, pássaros, ursos, águias, camelos. Seu universo ácido e solitário é povoado por animais. Zaratustra conversa com os animais e eles são... seus parceiros. Tudo expressa um mundo primitivo, arcaico, original. Há um verdadeiro dionisismo demoníaco e orgástico que não conhece limites. Chegamos a pensar que os animais de Zaratustra são as partes constitutivas da alma do super-homem, símbolo de um novo

Adão. E esses animais representam o animismo, o Eros em quadratura com a Lua Negra. De fato, na mitologia sumério-acadiana, como já vimos, Lilith é um corpo feminino não antropomórfico, reconhecível na morfologia humana, apesar de ser constituído de características animais.

A imagem material do demônio (Lilith *súcubo*) expressava um caráter feroz, violento, do poder superior (correspondente ao valor sobremístico instintual das "criaturas" de Zaratustra), dotado de traços animalescos. Nas inúmeras divindades femininas que encontramos em nosso *excursus* – as Liliths, as Hécates, as Empusas, as diversas Korés negativas –, revemos os animais criados por Nietzsche (ou melhor, por sua *Anima*-Lilith sublimada no retorno do arquétipo anímico-animal). Eles nos lembram justamente da hierofania de Zaratustra, na qual sabedoria e poder se misturam com um dionisíaco instintual animalesco. A terracota de Lilith, o baixo-relevo sumério já mencionado (e reproduzido na introdução), parece conter um ar de barbárie, ira e arcaísmo: exatamente o que se depura das páginas de Zaratustra, com seu cortejo de animais, as regiões solitárias desérticas, a aura religiosa e demoníaca. A dimensão teriomórfica tem analogia simbólica nas imagens de Nietzsche: seus discípulos não são humanos, mas, sim animais. Sua Lilith na Casa VII propicia essa extraordinária regressão *ad absurdum* ao nível arquetípico! Em essência, Nietzsche dialoga com os instintos, quase como se sua alma, ou sua feminilidade, se identificasse com eles. E essa é a manifestação da Lua Negra não destrutiva, mas, sim, exaltante. Podemos dizer que em Nietzsche a Lua Negra em Gêmeos se opõe à mulher real, à alma encarnada com suavidade, uma *feminilidade negra*: de um lado, a irmã; do outro, os amados animais.

Encontramos na obra de Nietzsche ainda outro valor de Lilith. Como já vimos, a Lua e Vênus negativa no horóscopo transmitem um sentido de profundo erotismo e recebem o aspecto maléfico de Lilith; e é aí que ela se revela também no sentido bíblico mitológico pleno. Lilith é a revolta contra Deus e Adão. Ela tenta recriar uma nova moral sexual, além de uma nova ética da relação entre ser humano e Deus, entre mulher e homem. Ela representa uma nova dimensão de amor. Vemos em Zaratustra, assim como em *O Anticristo*, a simbologia da grande rebelião da alma contra Deus. Nietzsche clama "Deus está morto!", Zaratustra foge do convívio social e vai para o deserto com os animais, assim como Lilith, que pronuncia o nome de Yahweh e parte para o Mar Vermelho, acompanhada de seus demônios. Em seu *Anticristo*, Nietzsche escreve as pesadas e famosas palavras "Essa eterna acusação contra o cristianismo, quero escrever em todos os muros, onde existirem muros. [...] Defino o cristianismo como a única grande maldição, a única grande e mais íntima depravação, o único instinto de vingança, em comparação com o qual nada é, do mesmo modo, venenoso, furtivo, sorrateiro, *mesquinho*. [...] Defino-o como a única mácula imortal da infâmia da humanidade. Calculamos o tempo a partir daquele *dies nefastus* com que se iniciou essa fatalidade: o primeiro dia do cristianismo! *E – por que não? –, por outro lado, seu último dia?*".

De acordo com nosso estudo, é fácil enxergarmos nessa posição de Nietzsche a reivindicação de uma ancestralidade ateísta, equivalente à "maldição" de Lilith, que, na recusa e na raiva, deseja calcular um novo tempo da alma e do amor. Outro valor da Lua Negra é observado na concepção que Nietzsche tem do amor: para ele, há o *amor fati*, em oposição à parca dimensão afetiva dos filisteus e dos burgueses. Ele prefere ser um sátiro a um santo (cf. prólogo de *Ecce Homo*), pois é discípulo de Dionísio. Lilith, sua Lua Negra, também prefere ser um demônio a obedecer ao divino e submeter-se a Adão.

Vemos, portanto, na mitologia de Lilith, uma identificação reativa da *anima* com o *animus* (Deus-Adão). Também em Zaratustra ocorre uma identificação reativa negativa ao Deus-Cristo por meio do anticristo e de Dionísio.

A tragédia de Lilith deriva do fato de não ser compreendida em sua *totalidade*, em sua premência de *paridade* nos confrontos com a *imago pater* e o *animus*. A tragédia de Nietzsche advém da conscientização de não ser compreendido em sua polaridade apolínea-dionisíaca, em sua necessidade de grandeza nos confrontos com Deus-Cristo e a *anima germana*. Assim como Lilith protesta e se torna um demônio contra o Pai e o esposo, Nietzsche se rebela e se assume como *anticristo* contra Cristo e Deus, culpando a *alma alemã* odiada, com sua filosofia "feita com martelo".

Será que poderíamos formular uma hipótese sobre a loucura de Nietzsche, considerando-a uma identificação com Lilith, ou seja, com a *anima*-sombra experimentada em conflito com um *superEu* invencível, no qual o Eu cede à pressão do grande despertar de Dionísio-Kundalini-Lilith?

SEU NOME VERDADEIRO ERA ARMANDINE Lucie-Aurore Dupin, e ela nasceu em Paris em 1804. Na arte, essa mulher interessantíssima e brilhante quis adotar o pseudônimo George Sand: marca de uma vontade subjetiva, tenaz e necessitada de cuidar da própria vida, interior e exterior.

Dizem que George Sand é muito mais lembrada por seus comportamentos estranhos e seus amores que pelos escritos e sua atuação intelectual. Essa esquematização é fácil de ser desmentida, pois em George Sand o pensamento criativo, a escrita, o erotismo, a visão social e a vida cotidiana se mesclavam em uma discreta harmonia, dando forma a uma personalidade excêntrica, mas possuidora de um karma individual de grande valor, além de um jeito novo e pioneiro de ser mulher.

Nasceu sob o signo de Câncer com ascendente em Aquário, um mapa que denota uma personalidade introvertida e receptiva aos sentimentos, além de ser intuitiva e fantasiosa. A Lua Negra de Sand, por sua vez, exige atenção por sua excepcional relevância na dinâmica psicossexual: situa-se no signo de Escorpião na Casa VIII, em forte conjunção com Netuno, que aparece como símbolo vibrante do ascendente e, portanto, da vida intrapsíquica. Ao mesmo tempo, essa conjunção cria uma perfeita quadratura com Vênus, que está em Leão na Casa VI e em oposição a Marte, em Touro na Casa II. Eis uma possível definição: a feminilidade profunda de George Sand se encontra, por destino, de um modo sutil, investida do tema da sombra. Se Marte tem a ver com o masculino fálico, o "viril" e a libido mais inconsciente e primária, aqui se encontra em oposição decisiva ao valor lunar de Lilith-Lua Negra, desde a Casa das primeiras fases organizativas de Eros-sexo (Casa II) até a Casa da realização autônoma de Eros: os polos masculino e feminino se antagonizam com um incessante reforço de hostilidade a Vênus, em contraste com a Lua Negra, como expressão de dificuldade, desarmonia e anticonformismo. Além disso, se levarmos em conta Plutão, planeta regente de Escorpião, que na astrologia domina a Casa I e pode impregnar com seu Eros obscuro uma *Weltanschauung*, (a Cosmovisão ou visão de mundo) de George Sand, teremos o quadro completo e impressionante da delicada e difícil feminilidade dessa mulher, no qual, sem dúvida, os valores do *animus* eram maciços, realmente desenfreados (o Sol está em Câncer na Casa V, a dos valores afetivos!) e carregados de energias afetivas e vitais, sob a marca de valores, sem dúvida, masculinos. Ora, essa clara dimensão do *animus* em Sand deixa mais pesado o lado lunar, poluindo-o, e, assim, não mais ativando a Lua (situada em Áries, o mais masculino dos signos), mas, sim, a Lua Negra como *feminino reativo* rebelde, trazendo-o à luz em tentativas fracassadas de integração. O resultado é uma feminilidade, tanto no sexo quanto nos afetos, agressiva, muito materna, até mesmo tirânica, frígida em sua essência, mas densa de cobiça, de tensões ardentes, da busca pelo insólito, isto é, tudo o que pudesse sair da norma lunar linear para Lilith-Lua Negra conseguir se opor, refletindo a contenda mitológica, sob a influência de Marte-Sol (com a Lua Negra em oposição a Marte, aqui). Plutão é o "esposo infernal", que em Peixes cria uma explosão místico-delirante, a qual se enquadra, no aspecto psicológico, à dimensão Netuno-Lua Negra para propor a sublimação. E Sand realmente tentou, no ideal romântico, a sublimação sexual, projetando o ideal "desencarnado" sobre homens idealizados e geniais, com os quais viveu o viés criativo de tanta libido racionalizada.

Conforme declarou sua filha Solange, Sand tinha uma "imaginação chamejante e um temperamento frio". Nela, "o ardor da alma paralisava o poder dos sentidos antes de despertá-lo". Ela era capaz de ter "furores cerebrais, embora sentisse o sangue gélido".

Em Sand, Lilith é, de fato, a variável constante de uma reação: como mulher que se sente rejeitada na singularidade de seu destino, apresenta a Lilith rebelde como seu lado reprimido. George Sand seria, enfim, "a mãe excelente e adorada pelos filhos", embora se apresentasse e vivesse "como um homem", de acordo com a descrição que Balzac faz dela.

Dos tempos de Luiz Felipe até o Segundo Império, o desafio de Sand (que, nessa época, já usava calças e um nome masculino) era de fato cruel e pouco tolerável. Nesse desafio, porém, a mulher pregava a oposição à prepotência masculina apenas assumindo uma identificação projetiva. Para ela, não existia outra possibilidade psíquica, pelo que observamos no horóscopo por meio das configurações já citadas; mas ela vivia esse *animus* em um nível intrapsíquico, com determinação. Também vivia em busca do "natural", do simplesmente humano. Tinha desprezo por quem reduzia a sexualidade a uma "mísera necessidade", pois via a relação sexual como um verdadeiro milagre, a única possibilidade de sentir como divino aquilo que os animais e as plantas sentiam como material, e experimentava uma "atração elétrica que sempre se transformava em atração consciente". Comentou, certa feita: "Foi dessa mania de separar o espírito da carne que surgiu a necessidade de conventos e prostíbulos". Essa afirmação de Sand nos parece a demonstração mais clara do significado de Lilith-Lua Negra em seu mapa astral. Na tentativa de superação da dinâmica e da composição do conflito, ela "impingia" a feminilidade no "masculino" mais evidente e assumia-o em rituais quase de travestismo.

A Lua Negra em Escorpião é, para Sand, a expressão de um Eros demoníaco e, em partes, destrutivo das formas manifestas costumeiras e hipócritas, com o intuito de aderir a uma proposta "eversiva" e provocante.

Muitos foram os seus amores, apesar de todos serem ilusórios, pois o mecanismo projetivo não concedia uma resolução no real, mas requisitava, como possível solução do conflito Marte-Lua Negra, a transformação da dimensão sexual afetiva não vivenciada em modalidades criativas e intelectuais. Sua vida como mulher foi, sem dúvida, complexa: fracassa o casamento e não dão certo (pois jamais a satisfazem) os amores com Mérimée, De Musset, Pagello; também acabam as grandes amizades-sublimações com os Flaubert, os Mazzini, Dumas, Gautier e os Goncourt.

Jamais renunciou à luta ideal; escreveu muito e foi um espírito dominante no cenário cultural parisiense. Soube amar o grande Chopin – seu amante mais famoso –, a despeito da tortuosa mortificação romântica. Em outras situações, a rebeldia de Lilith contra a violência masculina se manifesta, como necessidade de evitar ser um objeto súcubo do homem. Sand exigia a mesma conduta sexual para homens e mulheres, se opunha à dupla moral do eterno Adão. Era, em definitivo, um verdadeiro demônio incontrolável e provocante, estava sempre disposta a transpor os limites do lícito; sua Vênus era aventureira e desafiadora dos pensamentos corretos, sedutora e encrenqueira.

Podemos concluir que, nesse mapa astral, a Lua Negra é a expressão típica do conflito mitológico vivido no corpo e na alma por parte do "feminino"; um exemplo próprio de identificação com o *animus* expresso em uma atitude masculina hostil. Entretanto, discernimos em seu comportamento "psicopatológico" uma tentativa de integração com a totalidade a fim de realizar a verdadeira bissexualidade intrapsíquica.

A LUA NEGRA DE ARTHUR Rimbaud também é muito significativa em seu mapa, pois indica a estrutura de sua personalidade e permeia toda a sua vida criativa. Nascido sob o signo de Libra com ascendente nos últimos graus de Áries, onde se encontra Plutão, o poeta, autor de *Iluminações* e *Uma Temporada no Inferno*, recebe bem cedo uma herança pesada: não conhece o pai, que abandonou a família. A mãe é uma mulher muito irritadiça e pouco afetuosa, a ponto de se tornar intolerante e despótica nas discussões com o pequeno Arthur; ele, porém, a procuraria, amando-a com a fúria de um relacionamento edipiano mal compreendido.

O mapa astral de Rimbaud logo mostra que o "grandioso adolescente", brilhante e criativo, ficou ilhado em sua dimensão de *puer aeternus* e sua infância absoluta através da simbologia da Lua Negra. Esta se encontra na Casa III, que ressalta as primeiras relações intelectivas com o ambiente e os estados evolutivos; está em trígono com o Sol, do qual recebe indiretamente a influência de Plutão em oposição. Lilith atua sobre o signo de Gêmeos, que tem um caráter mercurial e se mostra "duplo" em suas expressões dinâmicas. Daí deriva um destino já determinado na infância; destino de homem errante, em perpétuo movimento (no sentido de Gêmeos com Lilith, Urano na Casa I, em oposição a Mercúrio na Casa VII, Escorpião; Júpiter na Casa X, próximo ao *Medium Coeli*, em Capricórnio).

Aos 16 anos, Rimbaud foge de casa pela primeira vez e descobre Paris, na tentativa de esquivar-se da obtusa Charleville, cidadezinha provinciana. No entanto, acaba se envolvendo em conflitos com a lei, o que se revela a motivação mais profunda da fuga: o protesto afetivo ambivalente contra a mãe, que parece ignorá-lo; precisa emergir, assumir a crise de originalidade e se aproximar do "viril". Essa tentativa, porém, é inútil: o *pueril* mercurial se comprime no abraço de uma obscura *imago mater* interior que lhe tolhe o processo criativo e o afasta muito cedo da realidade. Contudo, o crescimento de Rimbaud é freado pelo domínio de forças secretas, de clamores insondáveis: sua alma já tem tons platônicos e assume as características de uma Perséfone. Ele deve visualizar, compreender, sentir, viver as emoções violentas que o prendem em um emaranhado inexplicável. De novo, foge de casa (Saturno na Casa II em Gêmeos com aspectos de quadratura com Netuno na Casa XII, em Peixes, é uma configuração que provoca rejeição compulsiva do *habitat* e do nomadismo), mas é assolado pelo sentimento de culpa, sempre com relação à mãe (a Lua e Vênus em conjunção na Casa VI, das "patologias"), destrói as possíveis experiências no conflito mais cruel. Por outro lado, a configuração Ascendente-Áries-Plutão-Urano-Touro, repleta de instinto e erotismo, revela-se, sem sombra de dúvida, como uma "masculinidade" tenebrosa, já *"diversa"*, impossível de ser vista de modo consciente. A dificuldade de integração psicossocial é flagrante, reforçada no horóscopo pela oposição de Saturno a Marte, bastante ferido na Casa VIII, indicativa de dissoluções e desvios do Eros. O Sol, grande princípio vital masculino, é dominado por um Saturno férreo, *senex* bem restritivo, que bloqueia a Rimbaud a alegria e a entrega a Eros. O "pai obscuro" se torna, enfim, Plutão (o Hades mítico), enquanto Lilith adquire a posição de Mãe- -Lua inatingível.

Com este binômio "genitorial" interior, Rimbaud mergulha de fato no inferno psicológico, condenado à privação da realidade "madrasta", para viver em um reino fantasmagórico, vagando por entre os "desertos do amor" e "iluminado" por seu *vidente interno*, obrigado a passar sua "temporada no inferno" numa solidão criativa que ele imagina atravessar com seu *barco embriagado*!

Como vimos, Lilith o mantém preso a uma necessidade primária: o *pueril* não quer se dignar a sair da infância. Rimbaud viajaria pelo mundo inteiro, mas sempre voltaria para casa, até morrer, onde sua Lilith o solicita na personificação da mãe e da irmã, prontas para segurá-lo – de modo ambivalente – em um falso abraço afetivo.

O *pueril*, nascido sob Libra com uma dimensão netuniana de *angelismo*, se converte em seu oposto complementar já aos 18 anos. Conhece Paul Verlaine e lhe envia seus primeiros poemas: encontra-o, enfim, em Paris. E assim se revela, finalmente, o tema da sombra: Rimbaud consegue aplacar, por um tempo, a sede edipiana e entregar-se ao tema da fuga e da sublimação, projetando em Verlaine o verdadeiro viril psíquico e criativo. A Lua Negra no mercurial signo de Gêmeos faz viver essa *anima* proibida, necessária e fundada no plano da abstração poética. Sua sensualidade não pode aceitar os planos de manifestações costumeiras; deve se refinar e se cindir, quase como se, no poeta, Lilith vibrasse em duas partes (mitologema dos Gêmeos: Castor e Pólux), fracionando a unidade do *puer* em dois polos, que, a partir de 1872 – em meio a relação atribulada com Verlaine –, segue à deriva, desviado: um em direção ao inferno do aniquilamento destrutivo, o outro, rumo à exaltação do pânico do *poète maudit*. Com quase 19 anos, Rimbaud chega a Paris, como poeta. Com seu comportamento provocativo e anticonformista, já assumira a homossexualidade talvez em sua relação com o amigo Verlaine, e se aventurara no mundo do absinto, do álcool, do haxixe, da poesia, dos sonhos e das revoltas exasperadas contra a ordem das coisas.

Entra em cena, claro, também Netuno em oposição em Peixes, que chama Mercúrio e Urano: o astro que invoca o mítico Poseidon joga Rimbaud no oceano da alquimia imaginária e nos paraísos artificiais. Satisfaz-se no poeta aquela necessidade irrefreável, vulcânica, que o faz escrever, em 1871, ao amigo Paul Demény: "Digo que precisas ser vidente; torna-te, pois, vidente. O poeta se torna vidente graças a um profundo, imenso e calculado descarrilamento de todos os sentidos. Todas as formas de amor, de sofrimento, de loucura autoconsciente destilam nele todos os venenos para que possa discernir a quintessência. [...] Em meio a tudo isso, ele se torna o grande enfermo, o grande criminoso, o grande maldito e sábio supremo.".

Trata-se, na verdade, do *déreglement*, a ruptura e a saída de todos os trilhos, mas nada tem a ver com psicopatologia! Assim escreve James Hillman: "A inquietude introspectiva, os sentimentos de culpa, o conflito psicológico, em suma, os fenômenos inibidores da consciência moral, são considerados nada mais que a voz de uma autoridade interna censora, um SuperEu". Daí a disputa entre a autoridade interna e a externa, a vontade criativa do poeta prometeico que se opõe à violência da ordem constituída – esta, sim, fonte de patologia – para restituir ao homem sua plenitude criativa natural.

Na vida parisiense, Rimbaud experimenta todos os valores de Lilith: ela o atira ao mar das visões místicas, inconscientes; arrasta-o para incríveis paraísos onde sua mente pode se aventurar em todos os jogos proibidos, enquanto a sexualidade se fragmenta em uma irradiação regressiva. Tudo é sexualizado porque diz respeito a cada operação intelectual ou afetiva. Entretanto, reitero, em Rimbaud, os instintos são por demais inibidos porque ele os deixa na sombra, vivendo tudo como reação e revolução pessoal. O poeta dá o testemunho de um exemplo muito específico de identificação criativa com a sombra pessoal e arquetípica que ele próprio alimentou e provocou por muito tempo, requisitando-a em todos os níveis. Todo o lirismo de Arthur Rimbaud sugere essa interpretação da Lua Negra.

Aos 20 anos, Rimbaud, já corrompido, de fato possuído pelo complexo de "nigredo" demoníaco, relacionado de modo indissolúvel à sua Lua Negra, começa a escrever *Uma Temporada no Inferno* e tem o primeiro rompimento com Verlaine, que reage dando-lhe um tiro de pistola. Enfim, poesia, sexo e cárcere; o poeta errante vive todo o tema de Gêmeos-Saturno nesses tortuosos deslocamentos de um país para outro, movido pela incansável busca por si mesmo, preso à sua vidência, que o leva a pressagiar os tormentos da humanidade futura, clamando "São chegados os tempos dos assassinos!".

Sua biografia reflete as fases da vida de um autêntico e grandioso *malade* errante. Depois dos 30 anos, Rimbaud "prepara" em silêncio a própria morte, bem na época em que se ativa a idade simbólica do Sol, que no mapa se limita ao trígono com a Lua Negra. Por fim, ele proclama:

> Basta, chorei demais! O alvorecer é doloroso.
> Cada lua me é atroz e cada sol, amargo:
> o acre amor me domina com estonteante torpor.

Viaja para a África não mais um poeta, pois reduzido ao silêncio interior. Uma região da África na orla do Mar Vermelho. Sem dúvida, simbolismo não casual; sincronismo mitologêmico, ou seria um encontro sombrio e perturbador com Lilith?

Rimbaud se envolveu com tráfico de armas e talvez até de escravos. Inescrupuloso, conheceu o ódio, a miséria e o horror das latitudes desérticas evocadas anos antes em sua poesia. Conviveu com ladrões, mercadores e traficantes. Vitimado pelo câncer, teve uma perna amputada. Só então retornou para o convívio com a mãe e a irmã.

Assim morreu o adolescente vidente: Lilith o liberta, por fim, na eternidade.

Nele Lilith derrotou o homem, mas deixou o poeta.

Notas

1. Artemidoro. *Il libro dei sogni*. Adelphi, Milão, 1978.
2. Jones, E., *op. cit.*, p. 18.
3. Simon, M. *Le monde des rêves*. Paris, 1882.
4. Artemidoro, *op. cit.*, p. 142.
5. Rulphi Glaberi. *Historiarum libri quinque*. Prou, Paris.
6. S. Teresa d'Avila. *Il libro della sua vita*, U.T.E.T. Turim, 1954.
7. S. Teresa d'Avila, *op. cit.*
8. Muller, Johannes. *Uber die phantastischen Gesichserscheinungen*, Munique, 1826.
9. Simon, M., *op. cit.*
10. Huxley, Aldous. *I diavoli di Lodun*. Mondadori, Milão, 1968.
11. Para uma validação original da obra de Füssli, sugerimos o texto de Jean Starobinsky, *Tre furori*, Garzanti, Milão, 1978.
12. De Nerval, Gérard. *Le figlie del fuoco*, trad. O. Macrì, Adelphi, Milão, 1979. Todas as citações aqui relativas a essa obra se baseiam nessa edição.
13. Praz, Mario. *La carne, la morte, il diavolo*, Sansoni. Florença, 1968.
14. Praz, M., *op. cit.*
15. Baudelaire, Charles. *Opere*, Mondadori, Milão, 1977.
16. Praz, M., *op. cit.*

17. Ellis, Havelok. *La pruderie; la périodicité sexuelle et l'autoérotisme.* Paris, 1898.

18. Fromm, Erich. *Il linguaggio dimenticato*, Garzanti, Milão, 1962.

19. Grimm. *Fiabe*, Einaudi, Turim, 1979.

20. Buber, Martin. *I racconti dei Chassidim*. Garzanti, Milão, 1979.

Glossário dos termos
mais usados no texto

☾

ANIMA (alma) – Termo da psicologia junguiana que representa um complexo determinado e circunscrito de funções. No inconsciente de cada homem, há um elemento feminino que se personifica nos sonhos como uma imagem ou uma figura feminina. *Anima* é uma palavra latina que significa também "sopro de vida", cuja função é "animar". As imagens da *anima* variam e podem ser projetadas pelo homem em uma ou mais mulheres reais. Fonte da *anima*, além da influência materna, é a imagem herdada, como a ideia de uma mulher própria de uma raça. Uma manifestação típica dessa figura é a *animosidade*, que produz estados ilógicos de ânimo. A *anima* faz parte do par supremo dos opostos. A realização da *anima* proporciona a harmonia individual.

ANIMUS – Termo da psicologia junguiana que exprime um processo semelhante ao descrito para a *anima*. No inconsciente de cada mulher, há um elemento masculino que se personifica em figuras ou imagens masculinas. Tem função e valor correspondentes ao da *anima* na dinâmica de relação dos opostos. O processo de *individuação* da mulher passa pelo reconhecimento e pela realização do *animus*.

ARQUÉTIPO – Forma *a priori* o inconsciente coletivo que estrutura modos típicos de compreensão e comportamento. Equivale ao conceito etológico de "modelo de comportamento".

COLETIVO – Conteúdos psíquicos como conceitos, opiniões e sentimentos, além das funções psicológicas que não se restringem a uma só pessoa, mas, de modo paralelo, a muitas pessoas, expressos numa sociedade, num povo, na humanidade. O termo oposto é *"individual"*.

COMPLEXO – Reagrupamento de representações psíquicas conscientes e inconscientes dotadas do mesmo tom afetivo.

COMPULSÃO DE REPETIÇÃO – É um processo de origem inconsciente que consiste no ato de o sujeito se colocar de modo ativo em situações penosas, repetindo velhas experiências, sem a consciência da motivação.

CONIUNCTIO OPPOSITORUM – Imagem *a priori* conhecida na psicologia profunda e derivada da alquimia. Indica o processo de integração dos elementos opostos na unidade. A união dos contrários é observável na evolução do homem e da natureza. Uma imagem típica do *coniunctio* é o "casamento" do Sol e da Lua, segundo Jung.

DIFERENCIAÇÃO – Processo psicológico que indica o desenvolvimento de diferenças entre as diversas funções; separação das partes de um todo, que pode ser o *indiferenciado*. Na diferenciação, reduz-se a ambivalência e se distinguem as tendências objetivas das funções singulares.

FANTASIA – Emanação da atividade criativa do espírito que evidencia uma combinação de elementos psíquicos carregados de energia. A fantasia pode ser um *fantasma*, ou seja, um complexo de representações muito distinto, sem correspondência com a realidade externa, ou uma *atividade imaginária*, expressão direta da atividade psíquica vital em forma de imagens ou símbolos.

FASE MATRIARCAL – Segundo Erich Neumann, em sua obra *A Grande Mãe – Um Estudo Histórico sobre os Arquétipos, os Simbolismos e as Manifestações Femininas do Inconsciente**, faz parte de uma hipótese relativa a quatro fases de desenvolvimento da psicologia feminina. Reconhece-se, nessa fase, a identificação da filha com a mãe no primeiro estágio, enquanto falta a percepção da diferença racional e impera a exclusão do pai como elemento masculino.

FASE PATRIARCAL – Segunda fase do desenvolvimento da psicologia feminina, em que ocorrem a diferenciação da mãe e o reconhecimento do masculino mediante a aceitação-identificação do pai. A superação dessa fase realiza a "mulher" em sua totalidade psíquica.

---

* Publicado pela Editora Cultrix, São Paulo, 2ª edição, 2021.

IDENTIDADE – Fenômeno inconsciente que determina, como sinônimo, a consciência de si como entidade distinguível de todas as outras; equivalente subjetivo do Eu.

IDENTIFICAÇÃO – Processo psicológico inconsciente no qual a pessoa funde ou confunde sua *identidade* com a de outra pessoa, assumindo-a de modo parcial ou total e substituindo a própria identidade. A identificação com o pai, por exemplo, significa a adoção dos modos, maneirismos e comportamentos do pai, como se o filho fosse igual a ele, e não uma personalidade individual.

IMAGEM – Concepção proveniente da linguagem poética, como *imagem fantástica*, que, às vezes, se refere apenas de um modo indireto à percepção do objeto externo. Deve ser considerada uma produção da atividade fantástica, e não uma substituta da realidade concreta. A imagem arcaica, por exemplo, é uma projeção oriunda dos primitivos de objetos internos no espaço real, e se refere à mitologia.

IMAGEM DA *ANIMA* – Produto do inconsciente, a *anima* é representada em determinadas figuras femininas que têm as qualidades correspondentes da *Anima*.

INCONSCIENTE – Conceito exclusivamente psicológico que engloba todos os conteúdos ou processos psíquicos não conscientes, ou seja, alusivos ao Eu. O inconsciente *pessoal* compreende as aquisições da existência pessoal, as coisas esquecidas, pensadas ou sentidas pela consciência, enquanto o inconsciente *coletivo* assume experiências não oriundas de aquisições pessoais e que concernem à hereditariedade, ainda que remota, às mitologias etc.

INDIVIDUAÇÃO – Processo de formação e de caracterização de um indivíduo único como desenvolvimento do ser psicológico distinto da generalidade e da psicologia coletiva; implica a *diferenciação* e a superação das normas coletivas mediante a *função transcendente*.

INSTINTUAL – Que pertence ao instinto, entendido como impulso para a ação inata e determinada no âmbito biológico, capaz de subtrair-se à intenção voluntária consciente. Alguns processos psíquicos inerentes aos afetos pertencem ao homem.

KUNDALINI – Imagem das disciplinas orientais que descreve a energia vital como uma serpente enrolada na base da coluna vertebral, no períneo, em estado letárgico. O despertar da *kundalini* indica o movimento de ascensão rumo ao Todo.

LÁPIS – Pedra angular; conceito referente à totalidade atingida e realizada. Na alquimia, representa a *pedra filosofal* (*Lapis Philosophorum*), último plano de existência espiritual e integração psíquica semelhante ao processo de transmutação dos metais na *Opus alchemicum* e, portanto, a superação dos estágios psicológicos parciais.

LIBIDO – Energia psíquica cujo valor psicológico é estabelecido com base em sua força determinante.

MANDALA – Círculo mágico, diagrama em que se projeta um panteão simbólico. Alude a um movimento simbólico no processo de individuação num nível endopsíquico e representa a unidade psíquica.

NIGREDO – Estágio inicial do processo de transformação da matéria na alquimia; simboliza a "*morte*" como passagem de fase; estágio psicológico inferior e inicial no discurso simbólico.

OUROBOROS – Símbolo muito usado por Erich Neumann em sua pesquisa psicológica, que expressa a autorrepresentação de um estado primitivo referente à condição infantil tanto da humanidade quanto da criança. É um símbolo fundamentado no inconsciente coletivo e presente na psique humana; funciona como fator transpessoal identificado como grau psíquico do ser. É representado no âmbito metafórico por uma cobra mordendo a própria cauda, formando uma perfeita circularidade, uma energia fluídica em círculo; encontro perene de céu e terra, *yin* e *yang*, preto e branco, vida e morte, expressão dos opostos.

PROJEÇÃO – Mecanismo de defesa que permite atribuir a qualquer um, no próprio ambiente, sentimentos *relacionados a si próprio* e derivados de objetos externos incorporados. Na projeção, são "passados" para outras pessoas conteúdos dolorosos e incompatíveis ou valores positivos reprimidos e subjetivamente inacessíveis.

REMOÇÃO/REJEIÇÃO – Mecanismo de defesa que consiste em uma manobra psicológica inconsciente cujo objetivo é cancelar da consciência conteúdos afetivos ou situacionais reprimidos, desagradáveis, dolorosos ou insuportáveis, pelas mais diversas razões. O *produto removido ou rejeitado* é o patrimônio de experiências não vivenciadas e negadas, empurradas para baixo da consciência e esquecidas.

SOMBRA – Definição junguiana do local psíquico em que se concentra a totalidade das experiências não tornadas conscientes pelo Eu e por ele colhidas. Pode-se considerar o conjunto de valores e experiências perceptíveis pelo sujeito segundo esquemas de julgamentos rígidos, capazes de fazer sentir a sombra como um obstáculo, uma ameaça ou uma personalidade parcial irrealizável.